HENRI CORDIER

MEMBRE DE L'INSTITUT
PROFESSEUR A L'ÉCOLE DES LANGUES ORIENTALES VIVANTES

UN COIN DE PARIS

L'ÉCOLE

DES

LANGUES ORIENTALES VIVANTES

2, RUE DE LILLE

PARIS
ERNEST LEROUX, ÉDITEUR
28, RUE BONAPARTE, 28

1913

UN COIN DE PARIS

L'ÉCOLE
DES
LANGUES ORIENTALES VIVANTES

2, RUE DE LILLE

HENRI CORDIER

MEMBRE DE L'INSTITUT
PROFESSEUR A L'ÉCOLE DES LANGUES ORIENTALES VIVANTES

UN COIN DE PARIS

L'ÉCOLE

DES

LANGUES ORIENTALES VIVANTES

2, RUE DE LILLE

PARIS
ERNEST LEROUX, ÉDITEUR
28, RUE BONAPARTE, 28

1913

UN COIN DE PARIS

L'ÉCOLE

DES

LANGUES ORIENTALES VIVANTES

2, RUE DE LILLE

Au XVIe siècle, à l'Ouest des remparts de Philippe-Auguste, sur les bords de la Seine, s'étendait un immense terrain que dominaient les vastes bâtiments de l'Abbaye de Saint-Germain-des-Prés, qui avait juridiction sur toute la rive gauche du fleuve ; au delà de l'Abbaye, était situé le Bourg Saint-Germain, dont les habitants, ainsi que ceux du Quartier Saint-André, étaient mis en relation avec le port de Nesle et le petit Pré-aux-Clercs[1] par la rue de Seine qui portait le nom de la rue du Brave à la hauteur du marché Saint-Germain.

---

[1] « La seigneurie que l'Université de Paris possède au fauxbourg Saint-Germain s'appelle communément le Pré-aux-Clercs, parce qu'anciennement ce n'estoit qu'un grand pré qui estoit destiné pour la promenade des écoliers. Ce pré estoit divisé en deux parties par un fossé ou cours d'eau de 13 à 14 toises de large, qui commençoit à la rivière de Seine, et, traversant sur le terrain des Petits Augustins, à peu près à l'endroit où est aujourd'huy l'eglise, alloit se rendre dans les fossez de l'abbaye, proche la poterne qui estoit alors ; c'est-à-dire que ce cours d'eau repondoit à peu près au coin de la rue Saint-Benoist, à l'extremité du jardin de l'abbaye ; on le nommoit la petite Seine. La partie la plus proche de la ville, comme la plus petite, fut nommé le petit Pré, et celle qui s'estendoit vers la campagne, comme plus grande, s'appella le grand Pré aux Clercs. » (*Mémoire touchant la Seigneurie du Pré-aux-Clercs appartenant à l'Université de Paris*, dans Édouard Fournier, *Variétés historiques et littéraires*, IV, 1856, pp. 87-116 ; voir pages 90-91.)

Vers 1547, on commença à construire sur le chemin des Buttes qui longeait le fossé de l'enceinte de Philippe-Auguste, la rue du Fossé, depuis rue Mazarine[1]; la rue des Marais (Visconti) date de cette époque; on l'appelait le petit « Genève » à cause des Calvinistes qui l'habitaient; en fait, le premier synode national huguenot s'y tint en 1559; cette rue possédait un grand nombre d'auberges.

L'abbaye de Saint-Germain-des-Prés avait été fondée par CHILDEBERT, fils de CLOVIS; ce prince avait rapporté de Saragosse, en 542, l'étole de SAINT-VINCENT, et pour conserver cette relique, il bâtit une église sous le vocable du martyr espagnol, mais la popularité de l'évêque de Paris, SAINT-GERMAIN, mort le 28 mai 576, était telle parmi le peuple, qu'à la fin du viie siècle, le monastère attenant à l'église portait le nom des deux saints et, finalement, en 786, le nom de Saint-Germain subsista seul. La limite de l'Abbaye était au Sud la rue Sainte-Marguerite; à l'ouest, la rue Saint-Benoît; au Nord, la rue du Colombier, et à l'Est, les rues Abbatiale et Cardinale[2] parallèles à la rue de l'Échaudé[3]. « L'enceinte de l'abbaye consistait en une

---

1. La rue Mazarine débouchait sur le quai Malaquais en un lieu où il y avait un abreuvoir, avant la construction du Collège des Quatre-Nations; le coude vers la rue de Seine était remplacé par une petite rue (Traversière) englobée dans le Collège; en 1529, l'îlot entre la rue Mazarine et la rue de Seine était encore tout en culture. « La rue Mazarine doit son nom au Collège Mazarin, autrement dit des Quatre Nations (aujourd'hui Palais de l'Institut), fondé vers 1665, et elle a été dite alors rue Mazarini (1687); elle s'appelait auparavant *rue du Fossé* (1617), ou des Fossés de la Porte de Nesle, « rue d'entre les portes de Bussy et de Nesle » (1628), ou simplement rue de Nesle parce qu'elle longeait le fossé de la ville entre les deux portes, comme faisait anciennement le chemin qu'elle a remplacé et qu'on ne désignait que par la formule générique de chemin sur les fossés. Au xvie siècle, la rue Mazarine était fréquemment dénommée la *rue des Buttes* (1547), à cause des buttes qui servaient de tir aux archers, et semblent avoir été placées sur le bord même du fossé. » (Berty, *Bourg Saint-Germain*, p. 209.)

2. « Le Cardinal de Furstenberg, Abbé de S. Germain des Prés, aliéna, en 1699, plusieurs places de l'Enclos Abbatiale, à la charge, par les Acquéreurs, d'y faire construire des maisons. Elles forment trois rues qu'on a nommées *Abbatiale, Cardinale* et de *Furstenberg.* » (Jaillot, *Recherches critiques... sur la Ville de Paris*, 1775. — Quartier S. Germain des Prés, p. 44.)

3. « La rue de l'Échaudé commence à la rue de Seine et finit à la place Sainte Marguerite...
« ... Les échaudés en pâtisserie affectaient autrefois la forme triangulaire, d'où est venue

muraille crénelée, non terrassée, flanquée de trois tours d'angle portant de fond, et munie de cinq tourelles, ou échauguettes, en encorbellement [1]. » Une porte dont on voit encore un des portants au coin des rues Furstenberg et Jacob (du Colombier) s'ouvrait dans le mur du Nord. Le domaine de Saint-Germain-des-Prés avait subi une notable diminution lors de la construction des remparts de Philippe-Auguste au xiiie siècle; la partie qui avait été englobée dans la ville forma les paroisses de Saint-Côme et Saint-André-des-Arcs, néanmoins ce domaine restait extrêmement compact sauf l'enclave du Pré-aux-Clercs, qui était un sujet de lutte perpétuel entre les Abbés et l'Université. Le Pré-aux-Clercs dépassait de très peu au Sud les rues du Colombier, Jacob et de l'Université ; il suivait une ligne à peu près droite à la sortie de la rue des Marais ; un canal qui conduisait de la Seine aux murs de l'abbaye, ancien chemin de la Noue ou de la Petite-Seine, donna naissance à la rue des Petits-Augustins (Bonaparte) qui séparait le petit Pré-aux-Clercs du grand Pré-aux-Clercs. Au xvie siècle, on l'appelait la rue de la Petite-Seine [2].

François Ier avait commencé la construction d'un hôpital de la Charité pour les lépreux et les contagieux à peu près à la place de

---

l'habitude d'appeler *échaudés* les terrains présentant une configuration analogue. La disposition de l'îlot compris entre les rues du Colombier, de Seine et celle qui fait l'objet de cet article, lui valut, peu de temps après sa création, le nom « de l'Eschaudé » qu'on appliqua ensuite à la rue qui remplaça le chemin longeant le fossé oriental de l'abbaye et conduisant, de la principale porte du monastère, au Pré aux Clercs et à la Seine.

« Nous trouvons l'appellation de *rue de l'Échoudé* dès 1590 ; mais elle n'a point été communément employée avant le siècle suivant, pendant lequel on a dit aussi *rue de Metz*, à cause d'un jeu de paume de ce nom établi près du palais abbatial. » (Berty, *Bourg St. Germain*, p. 94.)

1. Berty, *Bourg Saint-Germain*, p. 108.
2. « L'aliénation du grand Pré aux Clercs avait été proposée dès 1543, et rejetée dans une assemblée du 5 sept. de cette année. Il en avait été question derechef en 1546 ; mais il devait se passer bien du temps avant qu'elle se réalisât, car elle ne commença qu'en 1639, sous forme de lots vendus successivement à des particuliers. Il ne semble point qu'avant cette époque aucune construction importante y ait jamais existé. » (Berty, *Faubourg St. Germain*, p. 19.)

Cependant nous lisons (Fournier, *l. c.*) qu'en 1540, l'Université passa un premier contrat d'aliénation du Petit Pré à M. Pierre Le Clerc, vice-gérant du conservateur des priviléges apostoliques de la dite Université, mais un nouveau bail luy fut fait le 31 mars 1543.

l'École des Beaux-Arts ou de l'hôtel de Chimay, où l'on a retrouvé des vestiges de construction de cette époque; par suite on désignait sous le nom de *Sanitat* ou la *Charité* l'espace du quai contenu entre la rue Bonaparte et la rue des Saints-Pères. Le quai entre la rue des Saints-Pères et la rue du Bac était, à cause de l'équarrissage des chevaux qui y était opéré, l'*Écorcherie*, nom qu'on appliquait même au Sanitat. Dès 1578, il y a des maisons sur le bord de la rivière.

Le retour à Paris de la reine Margot allait modifier complètement l'aspect de ce territoire. Mais hélas, ce n'était plus la séduisante princesse qui laissant son cœur au Balafré, avait le 18 août 1572, épousé Henri de Béarn. Née le 14 mai 1552, elle vivait en province depuis un grand nombre d'années, mais la capitale l'attirait de nouveau; peut-être aussi est-elle désireuse de voir celle qui l'avait remplacée auprès du roi de Navarre, devenu roi de France. Elle avait d'ailleurs conservé d'excellentes relations avec Henri IV, et en 1605, elle demanda à son ex-mari et obtint la permission de quitter l'Auvergne et de venir vivre à Paris : « Elle n'y était pas venue depuis vingt-cinq ans. On la présenta à Marie de Médicis; ce fut une piquante scène que la rencontre au Louvre de ces deux princesses qui avaient occupé le même trône et épousé le même roi. Marguerite fut très calme et digne, Marie de Médicis pâle et émue. Mais où était la brillante « reine Margot » de jadis qui avait fait la joie du temps des derniers Valois? Il ne reste plus qu'une très forte femme, âgée de plus de cinquante ans, toute en chair, énorme, portant sur sa tête une perruque de cheveux blonds filasse, les joues pendantes, l'air repoussant. Le public était prévenu contre elle [1]. »

Elle alla se loger dans l'hôtel construit dans la rue du Figuier-Saint-Paul, n° 1, vers 1500, par les ordres de Tristan de Salazar, pour servir de résidence aux archevêques de Sens, métropolitains des évêques de Paris; elle n'y resta pas longtemps. Une funeste aventure,

---

1. Louis Batiffol, *La Vie intime d'une Reine de France*. Paris, s. d., in-8, p. 499.

le meurtre d'un rival par son ancien amant Vermont, en fit partir la Reine. L'histoire est ainsi racontée par Pierre de l'Estoile :

« Le mécredi 5ᵉ [avril 1606], fust tué, à Paris, un gentilhomme, favorit de la Roine Marguerite, par un autre jeune gentilhomme, aagé de dix-huit ans seulement, qui le tua d'un coup de pistolet, tout joingnant la Roine. Le meurtri se nommoit S. Julien, lequel ladite Roine aimoit passionnément et, pour ce, jura de ne boire ne manger qu'elle n'en eust veu faire la justice ; comme aussi dès le lendemain il eust la teste trenchée devant son logis, qui estoit l'hostel de Sens, où elle assista ; et dès la nuit mesme, toute effraiée, en deslogea, et le quitta avec protestation de jamais n'y rentrer. Le criminel marcha gaiement au supplice et l'endura constamment, disant tout haut qu'il ne se soucioit de mourir, puisque son ennemi estoit mort, et qu'il estoit venu à bout de son dessein. On lui trouva trois chiffres sur lui, l'un pour la Vie, l'autre pour l'Amour, et l'autre pour l'Argent, qui sont trois déités fort révérées de nos courtizans d'aujourd'hui [1]. »

La pauvre femme s'empressa de s'adresser à Henri IV, qui, avec beaucoup de bonne grâce, mit à la disposition de sa femme divorcée un vaste terrain sur la rive gauche de la Seine, en face du Louvre, dépendant en réalité de l'abbaye de Saint-Germain-des-Prés. La Reine y fit construire un hôtel dont nous allons parler [2]. « Elle manqua d'y perdre un nouvel ami, Bajaumont, et Henri IV, inquiet, fit prier à la ronde pour la guérison de Bajaumont afin de n'être pas obligé de fournir à Marguerite une troisième demeure. Il n'était histoire suspecte que le peuple ne mît sur le compte de cet hôtel. Des libelles très gaulois couraient racontant les excès de la maîtresse de maison qu'on appelait « la roine Vénus », « vieille sainte plâtrée ! » On la représentait se

---

[1]. *Mémoires-Journaux de Pierre de l'Estoile*. Paris, Librairie des Bibliophiles, 1880, t. VIII, pp. 214-215.

[2]. L'hôtel de la Reine Marguerite occupait l'emplacement du Séjour de Nesle qui était limité en 1385 par la voie devenue rue Bonaparte, le Petit Pré aux Clercs, le chemin du bord de l'eau ; en 1411, les Parisiens irrités saccagèrent le château de Bicêtre et le Séjour de Nesle qui appartenaient au Duc de Berry depuis 1380. Il ne faut pas confondre le Séjour avec Tour de Nesle qui se trouvait dans l'intérieur de la ville près de la porte du même nom.

décolletant d'une façon si outrageante que la chose devenait proverbiale et que les prédicateurs y faisaient allusion en chaire. Elle passait pour battre ses amants¹. »

La reine fit construire son hôtel en bordure de la rue de Seine, — où était l'entrée, — au coin du quai Malaquais. Derrière l'hôtel se trouvait la cour, puis un jardin qui faisait le coin du quai et de la rue des Saints-Pères ; la partie septentrionale de la rue Bonaparte actuelle était supprimée ; au delà de la rue des Saints-Pères, que la reine n'avait osé englober dans sa propriété, des terrains furent également achetés pour créer un parc qui resta d'ailleurs inachevé comme certaines parties de l'hôtel même². La reine Marguerite ou plutôt la duchesse de Valois, comme on la désignait alors, était fort riche, car son douaire était considérable et elle avait hérité de la grosse fortune de sa mère CATHERINE DE MÉDICIS. « Elle était parvenue à s'assurer un revenu de 368 200 livres de rente, ce qui était un beau denier »³ ! Le 10 mars 1606, elle faisait donation par acte notarié de ses biens

---

1. Louis Batiffol, *l. c.*, p. 301.
2. Dans le *Plan de Quesnel* (1609), « Le palais et les vastes jardins de la reine Marguerite y apparaissent dans tout leur développement ; le grand Pré-aux-Clercs est supprimé, comme le petit, et de longues allées d'arbres, se prolongeant jusqu'à l'extrémité de l'ancienne promenade des écoliers, marquent l'emplacement des futures rues de l'Université, de Verneuil et de Bourbon. » (Berty, *Faubourg St. Germain*, p. 140.)
Le parc, jardin, allées, ou Cours de la Reine Marguerite s'étendoit loin dans le Pré aux Clercs en longeant la Seine ; il allait jusqu'à la halle Barbier qui se trouvoit rue du Bac, sur l'emplacement occupé depuis par l'hôtel des Mousquetaires. L'enclos du palais de la reine Marguerite en étoit séparé par la rue des Saints Pères. On entroit dans ce parc par une grille, visible, comme le reste, sur le plan de Mérian. La reine n'avoit pas osé à ce qu'il paraît s'emparer de cette rue comme elle avoit fait de celle des Petits Augustins, qu'elle avoit, sans autre façon, englobée presque toute entière dans son enclos. Il avait son entrée rue de Seine et on en voit des traces au n° 6. Cf. Fournier, *l. c.*, IV, p. 175, note.
Au mois de septembre 1606, la reine Marguerite, chassée par la peste de son habitation de la rue de Seine, se retira à Issy dans un logis auquel elle donna le nom de Petit Olympe, qu'elle acquit de Jean de la Haye, orfèvre du Roi, possesseur du fief de Vaudétard et d'autres grands biens à Issy. Le Petit Olympe est aujourd'hui la maison succursale du séminaire de Saint-Sulpice. L'emplacement de la maison de La Haye est occupé par le pensionnat Saint-Nicolas. Cf. Département de la Seine.... État des Communes... *Issy-les-Moulineaux*, 1903.
3. Louis Batiffol, *l. c.*, p. 304.

« meubles et immeubles » au futur Louis XIII[1], mais c'était une femme terriblement dépensière, toujours à court d'argent, toujours quémandant des subsides à la reine Marie de Médicis, et surtout à Sully ; lorsque Marguerite mourut le 27 avril 1615, en son hôtel de la rue de Seine, elle devait plus de 260000 écus. « Sa chambre était si pleine de créanciers que l'on n'y pouvait retourner[2]. »

Pour donner satisfaction aux nombreux créanciers qui réclamaient le paiement des dettes de la reine défunte, la vente du palais — qui avait été légué au roi — fut ordonnée, et un procès-verbal de visite et d'estimation fut dressé au mois d'avril 1620. Pour vendre plus facilement le parc de la reine Marguerite, l'on décida de percer une rue tout le long du parc depuis la rue publique allant du quai à l'hôpital la Charité jusqu'au bout du parc et de tracer trois autres rues allant de la rivière à la nouvelle voie. Cette dernière partie du programme ne paraît pas avoir été exécutée ou tout au moins, si elle l'a été, il ne pouvait être question que des rues de Beaune, du Bac, de Poitiers ou de Bellechasse[3] ; dans tous les cas, l'immense propriété de l'ex-Reine de Navarre semble être tombée entre les mains d'une bande noire. En effet, « l'hôtel de la Reine-Marguerite, y compris le parc, fut adjugé, le 11 mai 1622, aux nommés Jacques de GARSAULAN, sieur de CHAMBREJON, Jacques de VASSAN, sieur de MASSAN, trésorier des parties casuelles; Jacques POTIER, secrétaire des finances; Louis LE BARBIER, contrôleur général des bois de l'Ile-de-France, et Joachim SANDRAS, sieur de BELLOUARD (ou Villouars), commissaire de l'artillerie ; lesquels, après avoir payé, le 13 avril 1622, la somme

1. L. Batiffol, *l. c.*, p. 308.
2. L. Batiffol, *l. c.*, pp. 308-309.
3. « On croyait, d'après Jaillot, que les rues de Bourbon (de Lille) et de Verneuil avaient été ouvertes sur les terrains du Pré aux Clercs. La raison de cette méprise, c'est qu'au XVIIe siècle, les limites du Pré ayant disparu en grande partie sous les maisons, on en a perdu le souvenir, et l'on a en même temps donné par extension le nom de Pré aux Clercs à des terrains qui étaient contigus à ce fief, mais qui n'en ont jamais fait partie. » (Berty, *Faubourg St. Germain*, p. 19.)

de 1 315 000 livres tournois, furent mis en possession le 21 juin de l'année suivante. L'hôtel fut ensuite partagé entre les acquéreurs et la partie en bordure sur la rue de Seine forma trois grands lots »[1].

La rue qui devait longer le parc ne fut créée qu'en 1640 et reçut le nom de rue de Bourbon[2], en l'honneur de Henri II de BOURBON, fils naturel d'Henri IV, roi de France, et de Catherine-Henriette de BALZAC, marquise de VERNEUIL. Ce prince, nommé premièrement Gaston, eut d'ailleurs une carrière assez accidentée ; né au mois d'octobre 1601, il fut légitimé à Paris au mois de janvier 1603 ; il fut pourvu des abbayes des Vaux-de-Cernay, etc., de Saint-Germain-des-Prés[3], et fut créé évêque de Metz. C'est comme abbé de Saint-Germain-des-Prés, sur le territoire duquel la nouvelle rue était située, qu'il en fut le patron[4]. Henri de Bourbon se fatigua de l'état religieux, et donna sa démission le 12 octobre 1669 en faveur de Jean-Casimir, roi de Pologne et de Suède ; il avait été reçu duc et pair de France le 15 décembre 1663 ; il prit le titre de duc de Verneuil sous lequel il fut ambassadeur en Angleterre en 1665 ; l'année suivante, il était gouverneur du Languedoc ; il épousa, le 29 octobre 1668, Charlotte SÉGUIER, fille cadette du chancelier Pierre SÉGUIER, et veuve de François-Maximilien de Béthune, duc de SULLY ; ce prince mourut sans enfants en son château de Verneuil, le 28 mai 1682[5] ; il fut enterré aux Carmélites de Pontoise et son cœur fut

1. Berty, *Bourg St. Germain*, p. 247.
2. Dans le plan de Jean Boisseau du milieu du XVIIe siècle « la campagne ne commence qu'à l'ouest de la rue du Bac ; les rues de l'Université, de Verneuil, de Bourbon, s'avancent au milieu et à côté de l'ancien Pré aux Clercs, dont il ne reste plus que des terrains vagues ». (Berty, *Faubourg St. Germain*, p. 141.) En 1674, la rue de Bourbon s'arrêtait à la rue du Bac et de là se prolongeait en impasse d'une minime longueur. Un arrêt du Conseil du 18 oct. 1704 qui prescrivait l'ouverture de la rue de Bourgogne, ordonna également que la rue de Bourbon serait prolongée jusqu'à cette nouvelle voie publique. Cf. Collection Lazard, 67. — Archives de la Seine.
3. 81e abbé de St. Germain des Prés.
4. Les rues de Bourbon et de Verneuil étaient sur terrain appartenant à l'Abbaye de St. Germain des Prés, hors du Pré aux Clercs.
5. P. Anselme, *Hist. générale et chronol. de la Maison Royale de France*, I, 1726, p. 150. — *Gallia Christiana*, VII, 1744, col. 469-470.

déposé au milieu du chœur de Saint-Germain-des-Prés, au pied du roi Childebert.

Un gentilhomme flamand, nommé Sasbout de Varic, acheta le 31 décembre 1599, un clos avec masure contenant 151 perches, situé sur le quai, d'un peintre nommé Hiérôme Franco, qui l'avait acquis lui-même le 15 septembre 1595, d'Élégantine du Coudray, héritière de son père Fiérabras du Coudray. Au commencement de l'année suivante, de Varic s'étant fait donner des alignements par le bailli de Saint-Germain, bâtit là une maison et une tuilerie qui devint connue sous le nom de *Tuilerie aux Flamands* ou *Tuilerie flamande*; elle ne s'étendait d'ailleurs pas jusqu'à la rue de Bourbon; sur son emplacement, l'on devait construire plus tard les hôtels de Choiseul et de Baufremont[1], ainsi que l'église des Théatins[2]. Au coin de la rue des Saints-Pères s'éleva plus tard l'hôtel de Tessé et entre ce dernier et la Tuilerie on bâtit également à une époque postérieure l'hôtel de La Briffe.

Au XVIe siècle, il n'y avait aucune maison en bordure sur la rue des Saints-Pères jusqu'au delà du grand Pré-aux-Clercs. « Le terrain de l'encoignure occidentale du quai et de la rue des Saints-Pères était encore en culture au moment où il fut enclavé dans le parc de la Reine Marguerite. Après le morcellement de cet hôtel, on fit là un lot d'environ un arpent dix-sept perches, lot que l'abbé de Saint-Germain bailla, le 15 mars 1613, à Sasbout de Varic, propriétaire de la Tuilerie voisine, et qui est représenté aujourd'hui par la partie orientale de l'îlot compris entre la rue de Bourbon et le quai Voltaire. Vers 1628, le même emplacement était divisé en trois propriétés : la première, celle du coin, consistait en une maison avec jardin, de quatorze toises deux pieds de largeur, laquelle s'appelait l'*hôtel de*

---

1. Berty, *Bourg St. Germain*, p. 199.
2. L'Église des Théatins n'était en 1648 qu'une chapelle qui fut consacrée en présence de Louis XIV le 7 août de la même année. Elle fut reconstruite plus grande à l'aide d'une somme de 300 000 livres léguée par le Cardinal de Mazarin. Cf. Blondel, *Architecture françoise*, I, 1752.

Tessé, au siècle dernier; la deuxième propriété était large de dix toises deux pieds. Avec la troisième, qui avait une largeur de cinq toises quatre pieds, elle formait une grande maison qui appartenait à Louis Le Barbier, et qui, après avoir été possédée par le président Perrot, est devenue l'hôtel de Labriffe[1]. »

A quelle époque a été construite la maison d'angle[2]? Il ne m'a pas été posssible de le retrouver; mais elle existait au commencement du xviiie siècle, et elle appartenait à un sieur Boulleau, secrétaire du Roy, qui paraît avoir laissé une succession assez embrouillée si nous en jugeons par le document suivant :

« Par arrest et jugement en dernier ressort rendu par Messieurs les Commissaires députés par Sa Majesté le 22 Mars 1707 délivré par le Sr Louis Greffier des Commissions extraordinaires du Conseil dépositaire de la minute dudit jugement, entre Mre Pierre de Berulle Premier Président au Parlement de Dauphiné, dame Madeleine de Bérulle, épouse autorisée par justice au refus de Mre Charles de Ribeyre Premier Président en la Cour des Aydes de Clermont Ferrand, Demoiselle Heleyne de Berulle fille majeure, dame Elisabeth Pautein Maquerre épouse autorisée par justice au refus du Sieur Auguste de la Bossière Commissaire des Chevaux légers de la garde de Sa Majesté, Mre Claude le Rebours, Conseiller en la Cour tous es nom et qualités qu'ils ont procédé se prétendant créanciers de la succession du sieur Boulleau Secrétaire du Roy, et Theodore Lecocq héritier par bénéfice d'inventaire dudit deffunt apert Mess. les dits sieurs Commissaires avoir entre autres choses ordonné que la maison faisant le coin de la rue des Saints Peres et Quay Malaquais[3] estant de la succession dudit S. Boulleau demeurera et apartiendra en pleine propriété audit S. Le Rebours pour la somme à laquelle elle sera estimée par experts dont les parties conviendroient par devant Monsieur Dreux

---

1. Berty, *Bourg St. Germain*, p. 199.
2. Au commencement du xviiie siècle (1728) la rue de Bourbon avait onze hotels. « Le long du quai d'Orsay s'étendent les terrains des hotels en façade sur la rue de Bourbon. » (Berty, *Faubourg*, p. 155.) — Le coin de la rue des Saints Pères est déjà construit sur le quai avec un jardin en bordure sur la rue de Bourbon dans le plan Delagrive (1728); sur le plan de Bretz dit de Turgot (1734-1739) un bâtiment est en bordure rue des Saints Pères derrière la maison du Quai.
3. « Le Quai Voltaire, auparavant Quai des Théatins, n'était indiqué par aucun nom particulier avant que ces religieux y vinssent demeurer; ou, du moins, on le confondait avec le quai Malaquais et celui de la Grenouillère. » (Berty, *Bourg St. Germain*, p. 200.)

un des dits Sieurs Commissaires et les autres biens et héritages mentionnés audit arrêt et ce pour le payement des créances et aux charges portées par le dit arrest.
L'an 1708 le jeudi vingt-deux mars l'extrait ci-dessus a esté insinué au présent registre deuxieme volume des Insinuations du Châtelet de Paris suivant les ordonnances royales pour les domaines et a esté payé neuf cent cinquante livres pour le centième denier de la dite maison sur le quai Malaquais estimée 95 000 livres par le rapport fait en exécution dudit arrest par Jean François Gobin architecte juré du Roy expert bourgeois de Paris et Jacques de Lajoue aussi expert juré du Roy entrepreneur de bastimens en date du 20 Juin 1707, ce 95 livres pour les deux sols par livres [1]. »

Les LE REBOURS étaient d'ancienne noblesse d'origine de Normandie ; le nouveau propriétaire de la maison du coin de la rue des Saints-Pères et du quai, Claude, était le second fils d'Alexandre le Rebours, chevalier, seigneur de Bertrand-Fosse et de Prunelé, conseiller au Parlement de Paris, puis conseiller général en la Cour des Aydes, dont il devint président en 1619, conseiller d'État ordinaire en 1643, directeur des Finances, mort en 1652, et de Marie PAJOT, fille d'Antoine, mariée par contrat du 25 juillet 1620. Claude avait un frère aîné, mort le 6 octobre 1706, père d'Alexandre II, mort le 1er octobre 1736; ce dernier, intendant des finances, cousin-germain de CHAMILLART, « s'étoit surement moulé sur le marquis de Mascarille ; il l'outroit encore, tout étoit en lui parfaitement ridicule [2] ».

Claude le Rebours, chevalier, fut la tige de la branche des seigneurs de Saint-Mard sur le Mont et de la Bruyère, conseiller au Parlement de Paris, puis conseiller d'honneur à la même Cour en 1705; il avait épousé Jeanne PAUTEIN, fille de Gilles, seigneur de la GUÈRE, en Bretagne, etc., et de Françoise LAURENS. Elle fut reçue Dame du Palais de la Reine ANNE d'AUTRICHE, le 22 juin 1663, et mourut en 1699. Claude le Rebours mourut lui-même en 1718, laissant

---

1. Archives de la Seine. — Registre des Insinuations, 96, f. 8 verso. — Je tiens à adresser mes sincères remerciements à M. Lazard, le savant sous-chef des Archives de la Seine pour la complaisance avec laquelle il a facilité mes recherches dans le dépôt dont il a la garde.
2. Saint-Simon, XII, p. 160.

trois enfants : Jean-Baptiste-Auguste, Charles-Joseph, prêtre, et Marie-Élisabeth, femme de Jean Rouillé, Intendant de Bourges [1].

Le Rebours ne paraît pas avoir demeuré dans cet hôtel, qu'il conserva peu de temps, car nous voyons par l'acte de vente de l'immeuble, le 4 août 1714, au marquis de Bacqueville, qu'il demeurait rue Mauconseil, paroisse Saint-Eustache. L'immeuble du quai était en effet occupé pour une année encore par M. de Livry, suivant un bail passé par le Rebours devant Cailletet et ses confrères, notaires à Paris, le 20 septembre 1709. Il s'agit sans doute de Louis Sanguin, seigneur de Livry, né le 4 juillet 1648, qui au mois de février 1688, obtint du Roi des lettres d'érection en marquisat, et qui mourut à Versailles le 6 novembre 1723.

Nous donnons quelques extraits du contrat de la vente pour donner une idée de l'importance de l'immeuble :

CONTRAT DE VENTE [2] par Monsieur LE REBOURS à Monsieur le Marquis de BACQUEVILLE d'une grande maison sur le Quay Malaquais 4 Août 1714.

Fut present Messire Claude LE REBOURS Chevalier seigneur de Sainte Mare Conseiller d'honneur de SA MAJESTÉ en ses Cours de Parlement demeurant à Paris rue Mauconseil parroisse Saint-Eustache lequel a par ces presentes vendu et délaissé et promis garantie de tous troubles . . . . a Haut et puissant Seigneur Messire Jean François BOIVIN Chevalier Marquis de BACQUEVILLE BONNETOT COULFOU et autres lieux Colonel d'un régiment d'Infanterie demeurant à Paris en son hôtel rue de Grenelle parroisse Saint-Sulpice a ce present et acceptant acquereur pour luy ses hoirs et ayans causes Une grande maison seize en cette ville de Paris sur le quay Malaquais faisant une des encoignures de la rue des Saints Peres, consistant en une porte cochere d'entrée sur le dit quay avec deux remises de carrosses aux costez en partie saillant sur la court, couuertes d'ardoises à l'imperialle dans les dittes deux parties saillantes et au surplus tant sur le passage de la porte cochere que sur les remises, il y a deux petittes chambres lambrissées couuertes d'ardoise en appenty avec chesneaux et garde de plomb du costé de la cour et une terrasse du costé de la rue qui s'étend depuis le corps de logis en aisle jusques au pavillon, la d. terrasse couuerte de plomb garnie de ballustrades

---

[1] La Chenaye Desbois.
[2] Pièce obligeamment communiquée par Me Père, notaire, 9 Place des Petits Pères, successeur de Me Capet, le notaire de 1714.

d'apuis de fer en toutte sa longueur du costé de la cour et aussi de pareilles ballustrades de fer au costé de la d. porte vers le quay à l'un des deux bouts de laquelle terrasse est une montée seruant a communiquer au premier estage des corps de logis en aisle et dans l'une desdittes remises est un petit escallier seruant a monter aux chambres sur les dittes remises et un puis au dessous dud. escallier et dans l'autre remise à droitte en entrant est une loge de portier occupant partie de lad. remise, Une grande cour ensuitte au fond de laquelle est le principal corps de logis double situé entre laditte cour et le jardin qui est au derriere, ledit corps de logis eslevé d'un grand estage quarré au dessus de celuy du rez de chaussee, un estage et atique au dessus pris en partie dans le comble couuert d'ardoise a esgout par chesneaux et descente de plomb tant sur la d. cour que sur le jardin appliqué auec des chausses à un grand escallier à quatre noyaux partie dans le dit corps de logis et partie dans le corps de logis en aisle sur la cour qui sera cy apres déclarée, une grande salle a cheminée joignant le dit grand escallier, une grande chambre en alcove ensuite a cheminée, une autre chambre a cheminée, ensuitte est un cabinet duquel on descend par un perron de pierre dans le jardin, trois autres chambres a cheminée du costé de la cour avec un escallier a quatre noyaux seruant de desgagement aux appartemens dud. corps de logis. Le grand Estage au-dessus de celuy du rez-de-chaussée distribue a une antichambre a cheminée joignant le dit grand escallier, une grande chambre a alcove a cheminée, une autre grande chambre aussi a cheminée ensuitte de laquelle est un cabinet aussy a cheminée dans œuvre dudit corps de logis, trois autres chambres à cheminée du costé de la Cour. L'Estage exatyque au dessus du dit grand Estage distribué à plusieurs chambres cabinets et garderobbes et point de grenier au dessus. Une allée de passage et chambre a cheminée sur partie dudit grand Escallier avec une chambre . . . .

. . . . . , un estage de cave en la longueur dud. bastiment en aisle du mesme costé sur la rue des Saints Peres, ensuitte du principal corps de logis est un autre corps de logis en aisle formant l'encoignure de la rue des Saints Peres et de la rue de Bourbon. . . . .

. . . . . . un cabinet seruant de chapelle dans langle joignant le principal corps de logis et en sailly sur led. jardin. . . . .

. . . . . au derriere de laditte maison est le jardin qui a son issue sur laditte rue de Bourbon, Ainsi que la di⁹ grande maison, cour, jardin, lieux et que le tout se poursuit et comporte et estend de touttes parts de fond en comble tenant d'un costé vers le Pont Royal a Monsieur Glucq dautre a la d. rue des Saints Peres, faisant les encoignures de la rue des Sts Peres et du quay Malaquais et en carré de la d. rue de Bourbon et d'autre sur le quay Malaquais, Et encore comme il est porté au procès verbal de visite et estimation de la d. maison en datte du vingt juin et jours suivans mil sept cent sept fait par Jean François Gobin et Jacques de la Joüe experts jurés du Roy Entrepreneurs de bastimens nommez par arrest du dix sept may au dit an 1707 suivant et en execution des arrests rendus au souverain par Messire Charles Benoist Conseiller d'honneur et Thomas Dreux Conseillers du Roy en sa Cour de Parlement et Grand Chambre d'icelle, commissaires nommez par Sa Majesté portant l'ordre et la distribution du prix des biens de la succession du sieur Boulleau Secrétaire du Roy et l'enthérinement dud. procès verbal d'estimation en datte des 28 Mars 1707 et 1er octobre 1708, estant la d. grande maison et lieux et despendances en la censive de l'Abbaye Saint Germain des prez et chargés vers elle de tels cens rentes et redevances seigneurialles qu'ils peuvent deuoir que les parties n'ont pû dire ny declarer de ce enquises, La ditte grande maison appartenant audit sieur Le Rebours au moyen de l'adjudication qui luy en a esté faitte en vertu desd. arrests desd. jours 28 Mars 1707 et 1er octobre 1708. et ce a deduire sur celle de 125 546 livres un sol huit deniers pour laquelle le dit sieur Le Rebours a esté colloqué par le d. arrest du d. jour 28 mars 1707 sur le prix des biens de la succession du deffunt sieur Boulleau, pour par ledit seigneur acquéreur ses hoirs et ayans causes jouir faire et disposer de lad. Maison presentement vendue en pleine propriété comme de chose a luy appartenant au moyen des presentes, a commencer la jouissance du premier du present mois et en faire et disposer ainsi qu'il auisera.

L'acquéreur de la propriété de Le Rebours, était Jean François BOYVIN de BONNETOT, seigneur du comté de BACQUEVILLE, au pays de Caux. Il était le fils de Jean Baptiste BOYVIN, seigneur de BONNETOT et de l'ancien comté de BACQUEVILLE en Normandie, premier Président de la Chambre des Comptes et Cour des Aydes de Rouen en 1692, et de Jeanne-Marie MALLET de GRAVILLE, ancien colonel d'un régiment d'infanterie, et appelé le *marquis de* BACQUEVILLE, il mourut le 9 octobre 1760. Il avait épousé, le 14 juin 1714, Pulchérie de CHASTILLON, née en 1692, morte le 14 mars 1744, fille d'Alexis-Henri, Marquis de CHASTILLON, Chevalier des Ordres, et de Marie Rosalie de BROUILLY de PIENNES[1]. De cette union, naquit un fils, seul et unique héritier, Alexis-Madelaine-Paul de BOYVIN, Chevalier, Marquis de

1. La Chenaye Desbois.

Bacqueville, Maréchal des Camps & Armées du Roy, Chevalier de l'Ordre Royal et Militaire de Sᵗ Louis.

Le premier marquis de Bacqueville, qui avait payé 140 000 livres l'hôtel du quai, fit construire sur le jardin un hôtel qui avait son entrée sur la rue de Bourbon dans lequel il s'installa lui-même. L'hôtel du quai fut en grande partie incendié en 1760, ce qui ne l'empêcha pas de trouver un nouvel acquéreur ; en effet, le 24 décembre 1764, le Marquis de Bacqueville fils, le cédait à François Joseph, comte de Hallwyl et à sa femme, Marie Thérèse Nicole Mydorge, par le contrat suivant [1] :

> Fut present haut et puissant Seigneur Mre Alexis Madelaine Paul de Boyvin Chevalier Marquis de Bacqueville Maréchal des Camps et Armées du Roy Chevalier de l'Ordre Royal et Militaire de Sᵗ Louis demeurant à Paris en son hôtel Rue de Bourbon faubourg Sᵗ Germain paroisse Sᵗ Sulpice.
> Lequel a par ces présentes vendu... à tres haut et tres puissant Seigneur François Joseph Comte de Hallwyl, ci-devant Colonel d'un Regiment Suisse de son nom au service de Sa Majesté le Roy de France, Chevalier de l'Ordre royal et militaire de Sᵗ Louis, Marechal des Camps et Armées du Roy et tres haute et puissante Dame Marie Thérèse Nicole Mydorge son épouse qu'il autorise a l'effet des presentes demeurant a Paris rue du Temple paroisse Sᵗ Nicolas des Champs... un hotel scitué en cette ville de Paris sur le Quay Malaquais par lequel il a son entrée, dont la plus grande partie des bastimens a été incendiée en l'année 1760, faisant l'encoignure dud. Quay et de la rue des Saints Peres, tenant d'un côté a droite dans toute sa profondeur à la maison appartenant et occupée par Made la Marquise de La Briffe, Et par le côté à gauche aussi dans toute sa profondeur sur la dite Rue des Sᵗˢ Pères, regnant sur le devant sur ledit Quay Malaquais et adossé par derrière à l'hotel dud. Seigneur Vendeur qui a son entrée par la rue de Bourbon et qui occupe, avec la cour indépendante, le terrain ou etoit autrefois un jardin qui dependoit lors dud. hotel presentement vendu, le terrain duquel hotel presentement vendu forme a peu près un quarré parfait et contient en superficie 218 toises.
> Appartenant tous les objets presentement vendus aud. Seigneur Marquis de Bacqueville en qualité tant de seul et unique héritier pur et simple de deffunt

---

[1]. Pièce obligeamment communiquée par Mᵉ Raymond Peronne, notaire, 18, rue de la Pépinière, successeur de Mᵉ Damien Louis Du Pont, notaire du 15 décembre 1739 au 2 juillet 1766.

haut et puissant seigneur Mre Jean François Boyvin Chevalier et Marquis de Bacqueville et de Bonnetot Coutson et autres lieux Colonel d'un Régiment d'Infanterie, son pere, décédé ab intestat que de seul heritier par benefice d'inventaire de deffunte haute et Puissante D^e Pulchérie de Chastillon sa mère a son deces epouse du deffunt seigneur Marquis de Bacqueville suivant les lettres que ledit seigneur vendeur a obtenu en la Chancellerie du Palais à Paris le 4 avril 1744.

. . . .
Auquel feu Seigneur Marquis de Bacqueville ledit hotel appartenoit au moyen de la vente qui luy en avoit été faitte avec autres objets par Mre Claude Le Rebours Chevalier et Seigneur de Saint Marc, Cons^r d'honneur de Sa Majesté en ses Cours de Parlement suivant le contrat passé devant Me Capet qui en a gardé minute... le 4 août 1714, ensaisiné par le fondé de procuration de M. l'Abbé de St Germain des Prez le 29 septembre suivant et insinué à Paris le 28 janvier 1715... moyennant la somme de 140 000 livres.

Lequel Sieur Claude Le Rebours étoit propriétaire dud. hotel et des autres objets énoncés aud. contrat de vente au moyen de l'adjudication qui lui en avoit été faitte en vertu des arrêts rendus par M^rs les Commissaires nommés par Sa Majesté pour regler les affaires de la succession du Sr Boulleau secretaire du Roy le 28 mars 1707 et 1er octobre 1708 en deduction de la créance par laquelle il avait été colloqué par le dit arrêté du 28 mars 1707 sur le prix des biens de la succession dud. deffunt Sr Boulleau Secretaire du Roy, ainsi qu'il est expliqué au contrat de vente sus énoncé.

Etant led. hotel presentement vendu en la censive et seigneurie de l'Abbaye de Saint Germain des Prez et charge envers elle de tels cens, rentes et redevances seigneuriales qu'il peut devoir que les d. parties n'ont pu dire ni déclarer.....

Cette vente est faite... moyennant la somme de 95 000 livres franc denier aud. Seigneur vendeur.

Fait et passé à Paris... l'an 1764 le 24 décembre après midi.

   Signé de. De Hallwyl   de Boyvin Mis de Bacqueville
     Midorge de Hallwyl
      Desmaret ?   Le Peletier de St Fargeau
      Peron   Dupont

Il semblerait que le marquis de Bacqueville fils se soit défait de son immeuble, quai Malaquais, pour arrondir son domaine de Normandie. Je note en effet, que le 9 avril 1765, Bacqueville a payé aux époux de Renneville, à Rouen, rue Gantière, la somme de 55 600 livres qu'il avait reçue des Hallwyl, sur celle de 110 600 livres prix de la terre du Tilleul, paroisse de Bacqueville, qu'il avait achetée des susdits Renneville.

Le colonel de Hallwyl commandait un régiment suisse qui avait une destination spéciale. En effet, dit le baron de Zur-Lauben, « une des premières choses que les officiers suisses apprennent en entrant au service, c'est que les troupes de la nation qui servent en France, ne doivent point servir sur mer ni passer le Rhin[1] ».

Le 15 décembre 1719, nous dit le même auteur, « le Roy ayant jugé à propos de prendre à son service un bataillon suisse composé de trois compagnies pour être mis en garnison au Port Louis, Sa Majesté a trouvé bon de charger le sieur Karrer, ci-devant Capitaine et Commandant d'un bataillon au régiment suisse de Buisson, de la levée et du commandement du dit bataillon, et de lui faire le traitement qui suit.[2] »

C'est ce régiment de Karrer qui devint le régiment de Hallwyl; il était employé au service de la Marine, sur les vaisseaux du Roi, mais comme il n'était avoué d'aucun canton ou état du corps helvétique, son service hors de France ne pouvait être considéré comme une contravention aux traités d'alliance[3].

D'ailleurs les Hallwyl ne furent que très peu de temps en possession de l'hôtel du quai Malaquais, et dès l'année suivante, ils s'en défaisaient, par contrat du 7 octobre 1765[4], au profit de la comtesse de Tessé et de son fils :

Furent présents, Tres haut et Tres puissant Seigneur François Joseph Comte de Hallwyl Cy devant Colonel d'un régiment suisse de son nom au service de

---

1. *Code militaire des Suisses....* par le Baron de Zur-Lauben. Paris, 1758, I, p. 151.
2. *Hist. militaire des Suisses au service de la France* par le Baron de Zur-Lauben. Paris, 1751, III, p. 502.
3. Zur Lauben. — Code, *l. c.*, I, p. 154.
4. Pièce obligeamment communiquée par M⁰ Videcocq, notaire, 25 rue Croix des Petits Champs, Successeur de M⁰ Chomel, le notaire de 1765.

Sa Majesté le Roy de France, Chevalier de l'Ordre Royal et Militaire de St Louis Maréchal des Camps et Armées du Roy Et tres haute et tres Puissante Dame Marie Thereze Nicolle de Mydorge son épouse qu'il autorise à l'effet des presentes demeurant a Paris rue du Temple paroisse St. Nicolas des Champs, Lesquels ont par les presentes vendu quitté délaissé et abandonné . . . . a tres haute et tres Puissante Dame Madame Marie Charlotte de Bethune Charost, veuve de Tres haut et tres puissant Seigneur Monseigneur René Marie Sire de Froullay Comte de Tessé Marquis de Lavardin, Grand d'Espagne de la premiere Classe, Brigadier des Armées du Roy Colonel du régiment de la Reine Infanterie et son premier et grand Ecuyer demeurant à Paris à l'Hotel d'Aligre rue de l'Université paroisse St. Sulpice a ce presente et acceptante acquiere tant pour elle que pour Très haut et Très puissant Seigneur Monseigneur René Mans Sire Du Froullay son fils Comte de Tessé, Marquis de Lavardin Grand d'Espagne de la premiere Classe Lieutenant General pour Sa Majesté dans ses provinces du Maine, Perche et Comté de Laval Brigadier des Armées du Roy, mestre de Camp du régiment Royal des Cravates Premier et Grand Ecuyer de la Reine et par lequel elle promet faire ratifier ces présentes. Un hôtel situé en cette ville de Paris sur le quay Malaquais pour lequel il a son entrée, dont la plus grande partie des Batimens a été incendiée en l'année mil sept cent soixante et n'est pas encore rétablie, faisant l'encoignure dud. quay et de la rue des Saints Peres Tenant d'un côté à droitte dans toute sa profondeur à la maison appartenante et occupée par Mad^e la Marquise de La Briffe, et d'autre coté à gauche aussy dans toute sa profondeur sur la dite rue des Sts Peres, Regnant sur le devant sur le d. Quay Malaquais et adossé par derriere à l'hotel de Monsieur le Marquis de Bacqueville qui a son entrée par la rue de Bourbon. Lequel hotel du d. Sr Marquis de Bacqueville et la Cour en dépendante contiennent le terrain ou étoit autrefois un jardin qui dependoit dud. hotel presentement vendu lequel forme a peu pres un quarré parfait contenant en totalité deux cents dix huit toises de superficie compris la maison du d. Sr Marquis de Bacqueville ainsy qu'il se poursuit et comporte sans en rien excepter ni reserver et en l'état que sont actuellement les d. Batimens avec tous les matériaux en dépendans qui sont aussy compris en la presente vente de tous lesquels objets presentement vendus ma d. dame Comtesse de Tessé n'a requis plus ample désignation en ayant connaissance pour les avoir visités.

Le tout appartenant aux Seigneur et Dame Comte et Comtesse de Hallwyl comme l'ayant acquis de haut et puissant seigneur Monseigneur Alexis Madeleine Paul de Bacqueville Maréchal des Camps et Armées du Roy, par contrat passé devant Me Dupont l'un des notaires soussignés qui en a minute et son confrere le 24 Décembre 1764, ensaisiné le 29 du mesme mois et insinué le 6 Janvier suivant par Delobel, laquelle acquisition faite moyennant 95 000 francs payable dans les termes et de la manière expliquée aud. contrat.

. . . .

Pour mad. Dame Comtesse de Tessé et le d. Seigneur son fils jouir faire et disposer de tout ce que dessus vendu a commencer du premier octobre présent mois aux conditions cy après qui sont de faire rebatir sur led. terrain et emplacement à frais communs un nouvel hotel incessamment au lieu de celui qui y est actuellement et y employer en partie les materiaux qui peuvent servir pour en jouir sçavoir par mad. Dame Comtesse de Tessé en usufruit seulement sa vie durante et la proprieté en appartenir à Mons. le Comte de Tessé ainsy que le consent mad. Dame sa Mere au moyen de ce que mond. Seigneur Comte de Tessé lui remboursera moittié du prix de la presente vente frais....

Cette vente faitte.... moyennant le prix et somme de 90,000 livres.... constitué auxd. Seigneur et Dame Comte et Comtesse de Hallwyl 4 500 livres de rente.... [payable] de six mois en six mois.

René-Marie de Froulay, sire de Froulay, marquis de Tessé et de Lavardin, était fils de René Mans de Tessé, mort au Mans le 22 août 1746, fils lui-même du maréchal de Tessé, mort le 30 mai 1725, aux Camaldules, près Grosbois (Seine-et-Oise), dont Saint-Simon a dit : « C'était un grand homme bien fait, doux, liant, poli, flatteur, voulant plaire à tout le monde, fin, adroit, ingrat à merveille, fourbe et artificieux de même. Sa douceur et son accordise le firent aimer ; sa fadeur et le tuf qui se trouvait bientôt, le firent mépriser. »

René-Marie, né au mois de mai 1707, était Grand d'Espagne de la première classe, colonel du régiment d'infanterie de son nom, puis du régiment de la Reine en 1734 ; au mois de septembre 1735, il remplaça son père démissionnaire comme Premier et Grand Écuyer de la Reine. Nommé Brigadier des Armées du Roy en 1740, il mourut de ses blessures à Prague en 1742, le 3 août, suivant La Chenaye Desbois, le 23 août, suivant Moréri. Il avait épousé le 26 octobre 1735, Marie-Charlotte de Béthune, née le 23 août 1713, seconde fille de Paul-François, duc de Béthune-Charost, et de Julie-Christine-Régine-Georges d'Entraigues.

De ce mariage étaient nés trois fils, dont l'aîné, René Mans de Froulay, 2e du nom, né le 9 octobre 1736, comte de Tessé au Maine, marquis de Lavardin, etc., qui épousa, le 26 juin 1755, dans l'église paroissiale de Saint-Roch, Adrienne-Catherine de Noailles, née le 24 décembre 1741, fille aînée de Louis, duc d'AYEN, plus tard duc de NOAILLES, et de Catherine-Françoise-Charlotte de COSSÉ BRISSAC[1].

Aussitôt en possession du domaine des Hallwyl, les Tessé s'empressèrent de jeter bas les bâtiments et de faire édifier à leur place l'hôtel qui existe encore aujourd'hui au n° 1 du quai Voltaire, au coin de la rue des Saints-Pères. « Arrivé sur le quai des Théatins, qui prend ce nom à l'angle de cette rue [des Saints-Pères], formé à gauche par l'hôtel de Tessé, dont l'entrée principale est sur le quai. Cet hôtel, dans une magnifique situation, a été construit sur les dessins de M. Rousset, Architecte du Roi[2]. » Pierre-Noël ROUSSET[3], architecte du Roi, fut le concurrent de J.-A. Gabriel, en 1752, au concours ouvert pour la création de la place Louis XV ; outre l'hôtel de Tessé, il a exécuté la décoration de l'hôtel de la duchesse de Bourbon, rue Neuve-des-Petits-Champs, construit deux pavillons au château de Livry, et les cuisines de celui du Raincy; depuis 1757, il était membre de l'Académie d'Architecture. Tout le monde s'accorde à louer la façade de l'hôtel de Tessé.

En 1787, les hôtels étaient rangés dans l'ordre suivant sur le quai des Théatins : 1. Hôtel de Tessé; 2. Hôtel de La Briffe[4], ci-devant de la Roche-sur-Yon (3 actuel); 3. Hôtel de Choiseul (5 actuel);

---

1. La Chenaye-Desbois.

2. *Guide des Amateurs et des Étrangers Voyageurs à Paris*; Par M. Thiéry.... A Paris, Chez Hardouin & Gattey, 1787, t. II, p. 535.

3. Ch. Bauchal, *Nouveau Dictionnaire biographique et critique des Architectes français*. Paris, Daly, 1887, gr. in-8.

Vente Maison quay des Théatins Daldart a Thoynard 15 May 1754.

4. Par contrat passé deuant D'Aoust N^re a Paris le quinze May mil sept cent cinquante quatre apert Mre Louis François Joseph DALDART chev^r Seig^r de POUILLY LE FORT CHATRE Lieut. des grenadiers des gardes françoises la Dame Marie de REZE son épouse avoir vendu a Dame Madelaine THOYNARD V^e de Mre Louis Arnauld de la BRIFFE ch^er Vicomte de BARZY M^e des Req^tes Intendant de Caen demeu^t à Paris Rue d'Enfer un grand Hotel sis quay des Theatins Cour Jardin Circonstances de dependances tenant a M. de St Port enscisiné par l'Abbaye St. Germain des Prez. Cette vente moyennant la somme de deux cent mil liures.

Insinué a Paris le vingt un Juin mil sept cent cinquante quatre et a été payé pour le droit Deux mil Liures cy. 2 000^tt

(Archives de la Seine. — Registre des Insinuations, 1754.)

4. Hôtel de Vaubecourt (7 actuel); 6. Hôtel de Dreux de Nancré (11 actuel); 8. Les Religieux Théatins (13 actuel); 12. Maison conventuelle des RR. PP. Théatins (21 actuel): 13. Hôtel de Hesse (23 actuel); 15. où est décédé Voltaire (27 actuel)[1].

Par contrat du 7 octobre 1765, entre la mère et le fils, il avait été arrangé que la comtesse de Tessé, douairière, n'aurait que l'usufruit du nouvel hôtel pendant sa vie, dont la nue-propriété appartiendrait à son fils, qui demeurait, lui, rue de Varenne, au 426 (59 actuel), détruit en partie par la rue Vaneau. La comtesse douairière étant morte le 7 août 1783, son fils vendit, le 31 juillet 1784, l'usufruit et jouissance à Mre Jacques Bovy, Abbé Commendataire de l'Abbaye de Saint-Michel de Tonnerre, conseiller au Parlement, en la Grande Chambre, demeurant à Paris, place Royale, pour sa vie durant, suivant les pièces que voici :

Du 3 Août 1784

Vente devant Me Deyeux N^{re} a Paris du Trente un juillet mil sept cent quatre-vingt quatre

Par Monseigneur René Mans Sire de Froullay Comte de Tessé Grand d'Espagne demeurant en son hotel rue de Varennes

A Mre Jacques Bovy abbé Command^{re} de L'abbaye royale de St Michel de Tonnerre.

De l'usufruit et jouissance pendant la vie de mon dit Sieur Abbé Bovy, d'un hotel situé en cette ville sur le quay Malaquais faisant l'encoignure dudit quay et de la rue des Sts Peres.

Moyennant la somme de soixante-dix mille Liures.

Appartenant a mondit Seigneur Comte de Tessé comme l'ayant fait construire conjointement avec Mad^e. sa mère, sur un terrein qu'ils ont acquis par contrat passé devant Me Chomel N^{re} du 7 8bre 1765 Insinué le

Reçu sept cens Livres cy . . . . 700 $^{tt\,2}$

---

1. *Le Provincial à Paris.* — Paris, Watin, 1787, 4 vol. in-12. — Quartier St. Germain p. 56.
2. Archives de la Seine. — Registre des Insinuations.

Minute des Lettres de Ratification n° 16 306 ^A	
Scellé à la charge de l'opp° le 25 oct. 1784 Sig. illisible.	

Louis, par la Grace de Dieu, Roi de France et de Navarre : A tous ceux qui ces présentes Lettres verront ; Salut. Jacques Bovy Abbé Commend^re de l'Abbaye de St Michel de Tonnerre Con^er au Parlement en la grande Chambre dem^t a Paris Place Royale [1]

Nous a fait exposer que, par Contract passé dev^t Deyeux et son Confrère No^re. au Chatelet de Paris le 31 juillet 1784 duement insinué Il a acquis de *René Mans Sire de Froulay Comte de Tessé Marquis de Lavardin* grand d'Espagne de la 1ère classe maréchal de nos Camps et Armées, Chevalier de nos ordres 1er et Grand Ecuyer de la Reine dem^t à Paris rue de Varennes fauxb. St. Germain ; l'usufruit et jouissance pend^t la vie dud. exposant d'un hotel sis à Paris sur le quai Malaquais faisant l'encoignure dud. quay et de la rue des Saints Peres glaces boiseries ornements et dep^ces ainsy que le tout se poursuit et comporte sans en rien excepter, aux charges ord^res et accoutumées et moyennant la somme de soixante dix mil Liures.

pour en jouir en toute propriété comme de chose luy appartenant, à compter du jour dud. Contract

laquelle Maison

appartenoit aud. vendeur comme ayant acquis conjointement avec la *Comtesse de Tessé* sa mère le terrein sur lequel elle a été construite, conformément aux arrangements faits entreux par le contract du 7. 8bre 1765, portant que lad. Comtesse de Tessé nauroit que l'usufruit pend^t sa vie et que la nue propriété appartiendroit à son d. fils. Led. usufruit reuny à lad. propriété par le décès de la d. sa mere du 7 aoust 1783 ainsi qu'il est plus au long énoncé aud. contract dont l'extrait, aux termes de notre Edit de Juin 1771, a été exposé pendant deux mois en l'Auditoire du Chatelet, suivant le certificat de Desprez, Greffier, du 11 8bre présent mois demeure annexé à la présente minute, & pour le d. exposant

jouir de lad. maison

s'en mettre en possession, & en purger les privileges & hypothèques, suivant & conformément à l'Edit du mois de Juin 1771 : Nous a très-humblement fait supplier de vouloir bien luy accorder nos Lettres sur ce nécessaire. A ces causes, de l'avis de notre Conseil, qui a vu led. contract & autres Pièces ci-attachées sous le contre-scel de notre Chancellerie, Nous avons ratifié la vente faite par iceluy.

Voulons qu'il soit executé selon la forme & teneur ; ce faisant que led. Exposant soit & demeure propriétaire incommutable dud. usufruit

circonstances & dépendances, en jouissance & dispose — comme de chose à luy appartenant, purgée de tout privilèges & hypothèques, suivant & conformément à notre Edit du mois de Juin 1771. Mandons à nos amés Conseillers en notre

---

1. Archives de la Seine.

Châtelet de Paris, qu'ils aient à faire jouir les Exposant de l'effet des Présentes. CAR TEL EST NOTRE PLAISIR. En témoin de quoi Nous avons fait mettre notre Scel à ces Présentes. DONNÉES à Paris le 25ᵉ jour du Mois d'8ᵇʳᵉ l'an de grâce mil sept cent lxxxiiij & de notre regne le onzieme

MONNOT

Le 28 Octobre 1784
y retiré les lettres scellées
pʳ Mᵉ Deyeux, Notaire
Troussel.

Droits

. . . .

798 ᶠᵗ 5 ˢ· 8 ᵈ·

Jacques BOVY paraît avoir eu très peu de temps la jouissance de l'immeuble, car par un contrat du 31 mars 1786, le comte de Tessé cède son hôtel du quai des Théatins à François-Gaspard-Philippes PETIT de PETITVAL, chevalier seigneur de LORÉE, ainsi qu'il appert des lettres suivantes :

Minute
des Lettres
s Ratifications
n° 18754 ᴬ

LOUIS, par la Grace de Dieu, Roi de France et de Navarre : A tous ceux qui ces presentes Lettres verront ; Salut. François Gaspard Philippes PETIT de PETITVAL, Chlier Seig. de Lorée.

Nous a fait exposer que, par Contract passé devᵗ Mayeux et son confrere Noʳᵉˢ. au Chlet de Paris le 31 Mars 1786 ducment insinué Il a acquis par le Fondé de sa procuration de *René Mans Sire de Froulay Comte de Tessé Marquis de Lavardin* Grand d'Espagne de la 1ʳᵉ Classe Chevalier de nos Ordres Lieutenant général de nos Armées et *Adrienne Catherine de Noailles Comtesse de Tessé* son épouse demᵗ a Paris rue de Varennes fauxb. St. Germain un Hotel dit l'hotel de Tessé reconstruit sur l'emplacement d'un ancien Hotel de Tessé incendié en partie en 1760 le d. hotel sis sur le quay des Theatins faisant l'encoignure dud. quay et de la rue des Saints Peres composé de 2 corps de logis consistant en rez de chaussée entresol caves 2 et 3 étages et greniers ainsy que le tout se poursuit et comporte sans en rien réserver dans les Tenans énoncés aud. Contract aux charges ordʳᵉˢ et accoutumées et moyennant la sᵉ. de Deux cent soixante cinq mil Liures.

pour en jouir en toute propriété ses hoirs & ayans cause, comme de chose luy appartenant, à compter du d. contract

lequel hotel

appartenoit à la d. Marie Charlotte de Bethune Charost Mere de mon d. Comte de Tessé Vᵉ de *René Marie Sire de Froulay Comte de Tessé* Grand Ecuyer de la

Reine sur l'emplacement dud. ancien hotel par elle acquis tant pour elle que pour led. Comte de Tessé son fils lad. acquisition par elle faite de *François Joseph* Comte de *Hallwyle* Cy dev^t Colonel d'vn Regiment suisse de son non [sic] a notre service et de *Marie Therese Nicole Midorge* sa f^e par contract du 7 8bre 1765 auxquels Comte et Ctesse d'Hallwyl le d. hotel apartenoit comme l'ayant acquis d'*Alexis Magd^{ne} Paul de Boivin* Chlier Marquis de Bacqueville par contract du 24 X^{bre} 1764 suiuy d'un decret *volontaire* : et auquel Mq^{is} de Bacqueville led. hotel apartenoit comme seul heritier de Jean François Boivin Marquis de Bacqueville son père, ainsi qu'il est plus au long énoncé. . . . .

Données a Paris le 17e jour du Mois de Juillet l'an de grace mil sept cent lxxxvi & de notre regne le xiiie.

Le 25 Juillet 1786
J'ay retiré les Lettres scellées
p^r Me Mayeux, Notaire
Le Gentil.

Droits

3 008 ₶ 5^s 8^d [1]

Ce PETITVAL fut assassiné le 2 floréal an IV, c'est-à-dire dans la nuit du 20 au 21 avril 1796, avec cinq autres personnes. Dans la notice historique de son ouvrage sur *Vitry-sur-Seine*, M. Fernand BOURNON emprunte les détails concernant cette étrange affaire au *Dictionnaire de la Conversation* (au mot MICHEL) et lui laisse la responsabilité de ses allégations :

« Quant à l'affaire du Petit-Val, elle devait toujours rester entourée de mystère. Le vol n'y étant pour rien, il fallait chercher à quels autres intérêts avait pu profiter ce crime: la rumeur publique accusa deux banquiers, les frères Michel, sur lesquels le financier possédait une grosse créance, d'avoir fait ainsi disparaître leur créancier, les femmes n'ayant été assassinées que pour les empêcher de donner l'alarme. Une information fut ouverte contre eux, mais, faute de preuves, aboutit à un acquittement en leur faveur. Sous la Restauration, en 1816, une nouvelle plainte ayant été introduite, on constata avec surprise que le dossier de l'affaire avait disparu des archives du greffe. Toutes les recherches pour le retrouver demeurèrent vaines, ce qui provoqua de légitimes suspicions. Vers 1852, l'affaire fut encore évoquée par les héritiers naturels de la famille du Petit-Val dans les cir-

[1]. Archives de la Seine.

constances suivantes : l'aîné des frères Michel était mort léguant toute son immense fortune à un fils adultérin ; or, un codicille de son testament stipulait un legs de quatre-vingt-mille francs aux pauvres de Vitry. Cette disposition pouvait être considérée comme un acte de remords, mais elle fut reconnue apocryphe. Toutefois, au cours du procès rouvert à cette occasion, le ministère public lui-même ne se fit pas faute de laisser planer les plus graves insinuations sur la mémoire des inculpés de 1796. »

Voici l'extrait du Registre des Actes de décès pour l'année 1796, de la Mairie de Vitry-sur-Seine :

L'an quatrième de la République Française une et indivisible le trois Floréal, vendredy vingt deux Avril mille sept cent quatre vingt seize (vieux stile) onze heurs du matin à Nous Jean Croux Adjoint de l'Agent Municipal de la Commune de Vitry-sur-Seine, Canton de Villejuif, Département de la Seine, Etably par la loi du dix neuf vendémiaire dernier, tittre deux, article douze, pour rédiger les actes concernant l'état civil des Citoyens de cette Commune, a été remis l'extrait d'un Procès verbal, en datte du jour d'hier deux Floréal, dressé par le juge de Paix du Canton de Villejuif, lequel extrait constatte le décès 1º de François Gaspard Philippe Petit Dupetival, Citoyen domicillié en cette commune rue de Seine Nº 4, âgé d'environs quarante huit ans ; 2º de Anne Marguerite Rodrigue, veuve Donat, sa belle-mère âgée d'environ cinquante cinq ans ; 3º de Marguerite Rodrigue, veuve Duchambon âgée d'environs quarante trois ans sœure de la ditte veuve Donat, 4º de Victoire Bianne Rodrigue, fille âgée d'environs quarante ans, aussi sœure de la dite veuve Donat, 5º de Louise Linot fille agée de environs vingt neuf ans, femme de chambre de la ditte veuve Donat, 6º de Gertrude fille agée d'environs trente six ans, femme de chambre de la femme Duchambon, ci dessus només, tous décédés et mort violemment dans la nuit du premier au deux Floréal présent mois, dans le domicile du dit citoyen Dupetitval, ci-dessus désigné, Moi Jean Croux lecture faite du dit extrait pour lequel il est dit que rien ne s'opose à ce que les dits six décédés ne soient inhumés dans les formes ordinaires, jay sur le champ procédé a la dite inhumation en présence du citoyen Jean Honoré Le Fevre, Pépiniériste, âgé de cinquante cinq ans, agent Municipal de cette Commune, de Pierre Brouillet menuisier âgé de quarante huit ans, de Pierre Chevalier, journalier, âgé de quarante deux ans, demeurant tous les deux en cette commune, rue Darnetal, de Jean François Rondeau, Pépiniériste âgé de cinquante ans, demeurant en cette commune carfour des Brettons, de Jen Baptiste Josephe Bergny, Ecrivain de la commune âgé de cinquante quatre ans, demeurant au Greffe de la dite commune, La dite inhumation faite j'en ay rédigé le

4

présent acte que tous les témoins ci-dessus nommés et l'agent municipal de cette commune onts signés avec moi (Suivent les signatures).

Pour extrait conforme

Vitry-sur-Seine, le premier Mai mil neuf cent douze.

L'Officier de l'Etat Civil
(Signature illisible)

Nous abandonnerons maintenant l'hôtel de Tessé, qui appartient au comte VIGIER et qui a été habité par des personnes considérables comme le Baron DESGENETTES, et le Maréchal BUGEAUD, qui y est mort le 10 juin 1849. Rappelons aussi que la boutique à droite de la porte cochère a été occupée pendant plus de soixante ans par le libraire PORQUET, bien connu des bibliophiles.

Revenons au n° 2 de la rue de Lille, qui nous intéresse plus particulièrement[1]. Nous avons vu qu'il avait été construit par le premier marquis de Bacqueville; à la fin du XVIII° siècle, il est occupé par Mme veuve de BERNAGE et l'abbé ROYER, Maître des Requêtes (1782-1790). L'hôtel portait alors le n° 1; ce numéro 1, du numérotage royal a été employé de 1780 à 1791, et concurremment avec le numéro sectionnaire (section de la Fontaine de Grenelle) 679 jusqu'à la fin de 1805; le n° 2 date de cette époque.

Les BERNAGE appartenaient à une famille de robe. Louis-Bazile de BERNAGE[2], fils de Louis de Bernage, conseiller d'État ordinaire, était seigneur de Saint-Maurice, Vaux, Chassy, etc., Maître des

---

[1]. Sous l'ancien régime, le No. 2 de la rue de Bourbon portait le No. 1. — Dans l'*Almanach de Paris*.... 1784 (ainsi que dans celui de 1789) ce no. est marqué comme habité par : Bernages, Mad. de.

[2]. « Le 4 février 1691 a été baptisé *Louis Bazile* né le même jour rue des Sts Pères dans la maison de M. son père, fils de messire *Louis* de BERNAGE Seigneur de Saint-Maurice Conseiller du Roy en ses Conseils, Maître des Requêtes ordinaire de son hôtel et de dame *Anne Marie* VOUILLÉ, son épouse, le parrain *Louis* de VOYER d'ARGENSON doien de l'église royale de St. Germain l'Auxerrois. » (Reconstitution des Actes de l'État civil de Paris. — M° Demanche, Notaire à Paris — Acte de baptême — St. Sulpice, à Paris.)

Requêtes en 1714, honoraire en 1722; chargé successivement des Intendances de Montauban (1720-1726), puis de Montpellier et Toulouse (1736-1743), en 1734, il fut appelé au Conseil d'État, Grand Croix de l'Ordre Royal et Militaire de Saint-Louis, il fut Prévôt des Marchands (26 juillet 1743-58). Il portait : *d'Or, à trois fasces de gueules, chargées chacune de cinq sautoirs d'argent alaisés.* Il laissa trois enfants de son mariage avec Marie-Anne Moreau[1] : Anne-Marie Renée[2], Jean-Louis de Bernage de Vaux, Intendant de Moulins depuis 1744, qui avait épousé Marie-Élisabeth-Marie d'Amiens, et Élisabeth-Jeanne-Thérèse[3] de Bernage de Vaux, mariée le 14 juin 1735, à Louis-Guillaume Bon, Marquis de Saint-Hilaire, premier Président et Intendant de Roussillon le 9 novembre 1753.

Jean-Louis de Bernage et sa femme achetèrent l'hôtel de la rue de Bourbon, n° 2, d'Alexis-Madeleine-Paul de Boyvin, Marquis de Bacqueville, suivant contrat passé devant M° Marchant, le 5 mars 1767, moyennant outre les charges 150 000 livres de prix principal.

Jean-Louis eut une fille, *Marie-Félicitée-Renée-Claude* de Bernage[4],

---

1. La Chenaye-Desbois.

2. « Samedy 11 déc. 1714 a été baptisée une fille née le même jour et nommée *Anne Marie Renée*, fille de Mre *Louis Basile* de BERNAGE Ch^er Seigneur de St Maurice et autres lieux Conseiller du Roy en ses Conseils Maitre des Requêtes ordinaire de son hotel et avocat general aux requestes de l'hotel et de dame *Marie Anne* MOREAU, son épouse, rue Quincampoix ; le parrain Mre *Marc René* PAULMY de VOYER d'ARGENSON Con^r d'État Lieutenant général de Police. » (Reconstitution des Actes de l'État civil de Paris. — M° Godet, Not^re à Paris. — Acte de baptême de l'église paroissiale de St. Merry de Paris année 1714.) D'après les Notes du Comte de Chastellux (*Revue historique et nobiliaire* 1872-1874, Paris, Dumoulin, 1875, in-8) p. 53, *Anne Marie Renée* de BERNAGE est morte le 8 février 1786, à 71 ans, veuve de *Bonaventure Robert* ROSSIGNOL (Saint Roch).

3. — « 10 8bre 1718. — Extrait des registres de baptême de la paroisse de St. Merry à Paris. Le lundi 10 oct. 1718 a été baptisée une fille née le même jour et nommée *Élisabeth Jeanne Thérèse* fille de [Mre *Louis Basile* de BERNAGE Chevalier Seigneur de St. Maurice.... et de dame *Marie Anne* MOREAU, son épouse... » (Archives de la Seine. — Pièce originale.)

4. — « Acte de décès de *Claude Marie René Félicité* de BERNAGE, décédée hier trois heures du soir, rue de Miromesnil no. 1107, division du Roule agée de quarante sept ans, née à Metz, départ. de la Moselle, Veuve de *Pierre Arnauld de* LA BRIFFE, en son vivant Président du Grand Conseil rentière de l'État (ayant enfants)..... Le quatorze thermidor an treize. »

qui épousa Pierre-Arnauld de La Briffe, deuxième du nom qui dans sa succession recueillit l'hôtel de la rue de Bourbon, n° 2.

Lorsque Marie-Félicitée-Renée-Claude de Bernage, Marquise de La Briffe mourut, l'hôtel passa à son fils, le Marquis de La Briffe, qui, comme nous le verrons, l'échangea avec MM. Usquin le 18 février 1823.

Le n° 2 de la rue de Bourbon était dénommé hôtel de Bernage; son escalier principal était orné d'un tableau dans le genre allégorique, fait à l'occasion de la Paix en 1763; il représentait sur le premier plan, à genoux, revêtu de l'ordre du Saint-Esprit, et d'une robe rouge, M. de Bernage l'un des aïeux maternels du Marquis de La Briffe, qui réclama le tableau en 1838, comme nous le verrons plus tard, propriétaire dudit hôtel et prévôt des Marchands.

Les La Briffe étaient d'ancienne noblesse du Vicomté de Fezensaguet, en Armagnac, où sont situés la Terre et le Château de ce nom[1]. Louis-Arnauld de la Briffe, chevalier, vicomte de Barzy en Champagne, Seigneur de Brecour en Auge, naquit le 5 janvier 1705; Conseiller au Parlement de Dijon, le 14 juillet 1727, Maître des Requêtes en 1734, Président au Grand-Conseil le 25 janvier 1738, nommé à l'Intendance de Caen au mois de mai 1740, il mourut à Caen en juillet 1752, après une longue maladie. Il avait épousé, le 29 juillet 1736, Marie-Madeleine de Thoynard, fille de Barthelemy, Fermier-Général, et de Marie de Saint-Pairre. De ce mariage, naquit le 26 janvier 1739 Pierre-Arnauld de la Briffe, deuxième du nom, Seigneur de Passy-sur-Marne et successivement Président du Parlement de Paris et du Grand-Conseil, qui mourut le 3 février 1788 à 49 ans. C'est lui qui épousa le 2 mai 1776 Claude-Renée-Marie-Félicité de Bernage, fille de Jean-Louis de Bernage[2]. De cette union naquit en 1778, Louis-Philippe-Arnauld de La Briffe, dont nous

(Archives de la Seine. — Reconstitution des Actes de l'État civil de Paris. — Étude de M⁰ Dautrême, notaire.)
1. La Chenaye-Desbois.
2. Notes du Comte de Chastellux.

aurons à nous occuper maintenant, et qui hérita de l'hôtel de la rue de Bourbon.

Le Marquis de La Briffe hérita non seulement par sa mère, née de Bernage, de l'Hôtel rue de Bourbon, n° 2, mais aussi par son père Pierre-Arnauld de la Briffe, fils aîné de Madeleine Thoynard, veuve de Louis-Arnauld de La Briffe, décédée le 17 décembre 1766, du Grand Hôtel de La Briffe, 3, quai Voltaire, moyennant 350 000 livres ; Pierre Arnauld avait un frère Arnauld-Barthélemy de La Briffe, Capitaine de Dragons au régiment de la Reine, et une sœur Marie-Sophie-Germaine de La Briffe.

Pierre-Arnauld de La Briffe fit construire derrière son hôtel du quai une autre maison portant le n° 4 dans la rue de Bourbon et désignée sous le nom de Petit Hôtel de la Briffe. Il avait loué le 11 décembre 1786 le second étage de ce dernier immeuble à la veuve Lemoyne.

Minute
Lettres
atification
19452.

Louis, par la Grace de Dieu, Roi de France et de Navarre : A tous ceux qui ces présentes Lettres verront ; Salut. Marie Anne Geneviève BALMONT Vve de Pierre Armand LEMOYNE Ancien M^d Orfevre a Paris demeu^t rue Guenegaud Nous a fait exposer que, par contrat passé dev^t Perrier et son confrere No^{res} au Chlet de Paris le 12. 7bre 1786 duement insinué, elle a acquis de *Pierre Arnauld* de LA BRIFFE Chevallier notre Con^{er} President au Grand Conseil dem^t a Paris quay des Theatins lusufruit et jouissance pend^t sa vie et jusques a son deces dun apartement au

à la charge
pp^{ens} ce 11
bre 1786.
ig. ill.

2^d etage audessus de l'entresol depend^t d'une Maison sise a Paris rue de Bourbon faub. St. Germain adossée a l'hotel de la Briffe le d. apartement composé de 5. pièces cabinet aisances Cuisine et chambre de domestique grenier cave remise Ecurie grenier et depend^{ces} meubles et glaces a placer dans le d. apartement pour y rester après le décès de la d. exposante Evalues 5 200 ^{tt} a quoy joignant 4 000 ^{tt} en argent le prix dud. usufruit et jouissance est de la somme de neuf mil deux cent Liures

pour en jouir en toute propriété ses hoirs & ayans cause, comme de chose luy appartenant, à compter du jour dud. contract
lequel usufruit dapartement
appartenoit aud. Vendeur comme propriétaire de la maison dont le d. apartement fait partye comme heritier pour 1/3 de Madeleine Thoinard sa mere decedée Vve de *Louis Arnauld de la Briffe* Intendant de Caen qu'en vertu du parthage [sic]

des biens de la d. Vve de la Briffe fait par acte du 21 8bre 1768 laquelle Vve auait acquis la d. maison de *Louis François Joseph Deldart* Chlier Seig. de Pouilly par contract du 15 May 1754 ainsi qu'il est plus au long énoncé aud. contract.

. . . .

Données à Paris le xie jour du mois de Decembre l'an de grace mil sept cent lxxxvi. & de notre règne le xiij^e /

Le 13 X^bre 1786. J'ay retiré
les Lettres scellées p^r
Me Perrier, Notaire.
Josse.

MONNOT

Droits

. . . . 109^tt — 4 — 4 [1]

La rue de Bourbon avait changé son nom en celui de rue de Lille, à la suite d'un Arrêté pris par le Conseil Général dans sa séance du 27 octobre 1792 [1].

Le Conseil Général jaloux de prouver aux Departemens le desir qu'il a d'assurer par toutes les marques de Fraternité l'unité de la République dont toute la force est dans l'union.

Le Procureur de la Commune entendu Arrête que sous huit jours le Ministère public lui présentera quatre vingt deux Rues qui choisies dans les Sections porteront le nom de quatre vingt deux Départemens et voulant encore donner un témoignage éternel de sa reconnaissance aux villes qui ont été les boulevards de la Liberté

Arrête en outre que la rue de Bourbon, s'appellera la rue de Lille et la Rue Dauphine la Rue de Thionville [2].

Pendant l'Empire, le 2 de la rue de Lille est occupé de 1803 à 1807, par le Général BEAUMONT et par M. de SANCÉ; et en 1811 et 1812, par MOUHIB EFFENDI, ambassadeur extraordinaire de Turquie. Le Marquis de La Briffe habite son hôtel de 1814 à 1817, et la Marquise de

1. Archives de la Seine. Lettres de Ratifications 19452^A.
2. Extrait du Registre de la Commune, Tome xi, Page 292. — Archives de la Seine. — Collection Lazard, 67.

Salaignac y demeure en 1820 et en 1821. Je note qu'à cette date, l'hôtel a comme locataires Jean-Jacques Alligot, faïencier (bail du 17 octobre 1821, enregistré le 19, pour 9 ans, pour 2 400 fr.) et Nicolas Thomas, arquebusier, bail d'une durée semblable pour 1 600 francs[1].

En 1823, le Marquis de La Briffe, propriétaire des n°s 2 et 4 rue de Bourbon et du n° 3 du quai Voltaire, échange le 10 février ses trois immeubles avec les sieurs Usquin Père et Fils pour des bois dont la Fleur de Lys dans la commune de Joigny et une petite maison dans cette ville ainsi qu'il appert du contrat suivant :

Par devant Me Jean Louis Beaudesson et de Me Victoire François Casimir Noël son Collègue notaires à Paris soussignés
furent présents
Mr Philippe François Didier Usquin père Propriétaire demeurant Place Vendôme No. 21.
& Mr Philippe François Marie Usquin fils aussi propriétaire demeurant à Versailles en sa maison rue Montboron No. 18 de present à Paris en l'étude
Lesquels cèdent et transportent à titre d'échange et s'obligent à garantir de tous troubles....
A Mr Philippe Louis Arnauld Marquis de La Briffe demeurant à Paris quai Voltaire N° 21... à titre d'échange...
Les immeubles après désignés situés commune de Joigny arrondissement du Bureau des hypothèques de Joigny Département de l'Yonne et ayant jadis dépendu sauf la métairie du milieu dont il sera ci-après parlé de la terre et ci-devant Comté de Joigny, lesquels immeubles sont au total d'une contenance de 2853 arpents 81 perches mesure de 100 perches par arpent et de 20 pieds pour perche ou 1 204 hectares 30 ares 78 centiares savoir...
. . . .
En contre échange Mr. le Marquis de La Briffe vend cède et transporte à Messieurs Usquin père & fils et s'oblige à garantir de tous troubles...
Qui est accepté par Mrs Usquin père et fils acquéreurs indivis & pour eux leurs héritiers et ayant cause dans la proportion de deux cinquièmes pour Mr Usquin père & de trois cinquièmes pour Mr Usquin fils.

1. Archives de la Seine. — Sommier de l'Enregistrement. — Quartier du Faubourg St. Germain. — Rue de Bourbon, puis de Lille No. 2, ancien 679 révolutionnaire.

Trois hotels situés à Paris et desquels la désignation suit : savoir
1° Le Grand Hotel de la Briffe situé à Paris quai Voltaire No. 3. . . . .
2° Le Petit Hotel de La Briffe situé rue de Bourbon No. 4. Il est exposé en entier au midi et communique au grand Hotel. Il est double en profondeur et est elevé de quatre étages carrés et d'un cinquième à mansardes ; caves sous tous les corps de logis.
3° L'Hotel de Bernage situé à Paris sur dite rue Bourbon No. 2. Cet hotel exposé au midi consiste en un corps de logis sur la rue de Bourbon vers le milieu duquel est l'entrée à porte cochère ; un grand corps de bâtiment au fond de la cour élevé d'un rez de chaussée et de trois étages ; deux bâtiments en ailes à droite et à gauche de la cour, boutiques sur la rue des Sts Pères, écuries remises et caves sous ledit hotel.
Ensemble les glaces & boiseries dépendant desdits hotels et les garnissant à l'exception toutefois de ceux desdits objets que les locataires justifieraient leur appartenir ainsi d'ailleurs que le tout se composait et comporte sans exception ni réserve autre que celle sus indiquée et sans qu'il soit besoin de plus ample désignation.
. . . .

Dont acte fait et passé à Paris en l'étude de Me Beaudesson l'an mil huit cent vingt trois le dix février .
Et ont signé avec les notaires après lecture faite[1]

  P. Usquin   Le Mis de Labriffe
      Usquin
  Noël   Beaudesson.

On avait négligé de réserver un grand tableau placé dans l'escalier et que le marquis de La Briffe réclama plus tard par la lettre suivante adressée au Directeur de l'Enregistrement et des Domaines du département de la Seine :

Monsieur,

En réponse à l'avis obligeant que vous m'avez fait donner que des réparations allaient être faites à l'hotel rue de Lille n° 2 (cidevant rue de Bourbon) qui pourraient endommager un grand Tableau de famille que j'y ai laissé dans l'escalier principal, J'ai l'honneur de vous prier de vouloir bien m'accorder la permission de le faire enlever.

1. Pièce obligeamment communiquée par Me Pierre Robineau, notaire, 8 rue de Maubeuge, successeur de Me Beaudesson.

Ce tableau, dans le genre allégorique, a été fait à l'occasion de la paix de 1763 ; il représente sur le premier plan, à genoux, revêtu de l'ordre du St. Esprit et d'une robe rouge, Mr de Bernage, l'un de mes ayeux maternels, propriétaire dudit hôtel et Prévost des Marchands ; c'est en l'honneur et mémoire de lui que ce tableau a été peint. Telles sont les traditions qui m'ont été transmises par ma famille.

Lorsqu'en 1823, par contrat passé devant Me Beaudesson, notaire à Paris, je cédai à M^r. Usquin à titre d'échange cet hôtel qui porte le nom d'hôtel de Bernage, avec deux autres y attenant, je me réservai tous les tableaux qui s'y trouvaient alors ; cette réserve toute verbale ne fut pas exprimée dans le contrat, sans doute parce que ces tableaux ne fesoient point corps, avec les boiseries et les murs et ne pouvaient être considérés comme immeubles accessoirement.

Depuis, j'ai enlevé tous ces tableaux à l'exception de celui qui est encore dans l'escalier principal de l'hôtel de Bernage, et que du consentement de M. Usquin, j'y avais laissé jusqu'à ce que j'eusse trouvé un emplacement convenable pour recevoir ses très grandes dimensions.

M^r. Usquin se rappèle parfaitement ces faits et s'est empressé de les reconnaître dans sa réponse a une lettre que mon chargé d'affaires lui a écrite à ce sujet : vous la trouverez ci-jointe.

J'ajouterai que M. le cardinal de Crouï qui comme Grand Aumônier, a succédé à M. Usquin dans la jouissance de l'hôtel m'a souvent parlé de ce même tableau qu'il reconnaissait aussi être ma propriété ; que déjà à une époque où l'on fit des réparations à l'hôtel, je fus prévenu par l'Etat et invité à mettre le tableau à l'abri, ce que je fis alors, à l'aide de tentures ; et enfin, ce qui complète la preuve de mon droit de propriété, c'est que jamais l'administration, dans les divers états de lieux qu'elle a fait dresser, n'a porté le tableau en question comme appartenant à l'Etat.

J'aime à croire que le rappel de ces faits, joint à la lettre de M. Usquin, justifieront suffisamment le mérite de ma demande, et que vous voudrez bien y faire droit en m'accordant la permission que je sollicite

J'ai l'honneur d'être avec
la plus haute considération
Monsieur le Directeur,
Votre très humble serviteur
Le Mis de Labriffe

Paris le 19 Juillet 1838

Chez M. Desmartain rue Louis
Legrand no. 19[1].

---

[1]. Archives du Domaine. — Je saisis cette occasion pour remercier l'Administration du

Les nouveaux propriétaires de l'Hôtel, rue de Bourbon, n° 2, ne tardèrent pas à tirer parti de leur immeuble :

Par bail devant M⁰ Armand-Louis-Henry Péan de Saint-Gilles du 18 août 1823, enregistré le 28 août 1823, Usquin père et fils « ont donné à loyer pour neuf années entières et consécutives qui ont commencé à courir du 1ᵉʳ juillet dernier et qui finiront pareil jour 1832.

..... A Sa Majesté Louis Dix-Huit, Roi de France et de Navarre, par M. le Vicomte de Senonnes, maître des requêtes, Secrétaire Général de la Maison du Roi..... et au Domaine de l'État par Son Excellence Mgr. le Comte de Corbière, Ministre Secrétaire d'État au Département de l'intérieur..... Un hôtel et dépendances situé à Paris, rue de Bourbon, n° 2..... Pour y établir Sa Majesté, les bureaux et dépendances du Ministère de la Maison du Roi, sous les ordres de Monseigneur le Grand Aumônier de France et l'État ceux des Affaires ecclésiastiques de France, dépendant du Ministère de l'Intérieur, sous les ordres de Monseigneur le Grand Aumônier de France »[1].

Ce bail était fait moyennant un loyer annuel de 15 000 francs.

Deux ans plus tard, Usquin père et fils proposent à la Couronne l'échange de l'hôtel de la rue de Bourbon pour le Bois de Saint-Denis, près du Tremblay, canton de Gonesse; cette proposition, paraissant équitable, est acceptée et le 7 juillet 1825, le roi Charles X rend l'ordonnance suivante :

Ministère de la Maison du Roi.

ORDONNANCE DU ROI.

Charles par la grâce de Dieu Roi de France et de Navarre
A tous ceux qui ces présentes verront, Salut :
Vu 1° la proposition faite par les Sʳˢ Usquin, père et fils, d'échanger l'hotel dont ils sont propriétaires à Paris, rue de Bourbon No. 2, contre des Portions d'une valeur équivalente de la forêt de Bondy.

Domaine des facilités qu'elle m'a accordées avec beaucoup de bienveillance pour poursuivre mes recherches.

1. Pièce obligeamment communiquée par Mᵉ André Crémery, notaire, rue de la Ville-l'Évêque, 17, successeur de Mᵉ Péan de Saint Gilles.

2° les délibérations du Comité Contentieux de la liste civile, en date des 7 avril et 2 juin 1824, portant que l'échange proposé est convenable et que la propriété des échangistes est régulièrement justifiée :

3° le procès-verbal d'expertise des immeubles respectifs duquel il résulte que l'hôtel offert au Roi est estimé. 264.946ᶠ 52

Et que les sept parties du bois de la forêt de Bondy, destinées à être cédées en contre échange, lesquelles sont situées sur le territoire de la commune de Tremblay, Canton de Gonesse, département de Seine et Oise, sont d'une contenance totale de 111 hectares 74 arcs et d'une valeur de 264.933. 12

Différence 13ᶠ 42

4° La loi du 8 novembre 1814 qui autorise l'échange des immeubles de la dotation de la Couronne et le décret du 11 juillet 1812, qui en détermine les formalités.

Considérant que l'hôtel dit de Bernage sis rue de Bourbon No. 2 est utile au service de notre Grande Aumônerie, et très convenable pour cette destination

Sur le rapport du Ministre Secrétaire d'Etat au Département de Notre Maison Nous avons ordonné et ordonnons ce qui suit :

Artᵉ 1ᵉʳ

L'échange proposé par les Sʳˢ Usquin père et fils est agréé. Le Ministre Secrétaire d'Etat de Notre Maison est, en conséquence autorisé à en passer l'acte authentique.

Artᵉ 2

Cet échange sera conclu sans soulte ni retour, et les frais en seront exclusivement à la charge des dits Sʳˢ Usquin.

Artᵉ 3

Il sera soumis à l'approbation législative conformément à l'article 11 de la loi du 8 Novembre 1814, après l'accomplissement des formalités hypothécaires.

Artᵉ 4

Le Ministre Secrétaire d'Etat au Département de Notre Maison est chargé de l'exécution de la présente Ordonnance.

Donné au Château de St. Cloud le 7 juillet de l'an de grâce 1825 et de notre règne le premier.

Signé : Charles

et plus bas, signé : Le Duc de Doudeauville

Pour ampliation

Le Ministre Secrétaire d'Etat au Département de la Maison du Roi

Duc de Doudeauville.

L'acte d'échange est signé le 1er et 4 août suivants :

Par devant Mᵉ Armand Louis Henry Péan de Sᵗ Gilles et Mᵉ Victoire François Casimir Noël, son Collégue, Notaires Royaux à Paris soussignés
Sont comparus
Son Excellence Monseigneur Ambroise Polycarpe de La Rochefoucauld Duc de Doudeauville, Pair de France, Ministre Secrétaire d'Etat au Département de la Maison du Roi, demeurant à Paris en son Hotel rue de Varennes N° 33.
Agissant en sad. qualité de Ministre de la Maison du Roi, pour & au nom de Sa Majesté Charles X, Roi de France & de Navarre, Et encore comme autorisé spécialement à l'effet de l'échange qui va suivre, aux termes d'une Ordonnance Royale du sept juillet present mois, dont une ampliation délivrée par Monseigneur le Duc de Doudeauville est demeurée ci annexée après que dessus il a été fait mention de son annexe par les notaires soussignés

Son Excellence   D'une Part
M. Philippe François Didier Usquin, père, propriétaire, demeurant à Paris, Place Vendôme No. 21.
Et M. Philippe François Marie Usquin fils, aussi propriétaire, demeurant à Versailles rue Montboron, No. 18, étant ce jour à Paris.

                                                                    D'autre Part
Lesquels ont fait les échanges qui suivent,
MM. Usquin père & fils, cèdent et abandonnent par ces présentes à titre d'échange & s'obligent à garantir de tous troubles, hypothèques, évictions & autres empêchemens généralement quelconques.
A Sa Majesté Charles X, Roi de France et de Navarre
Ce accepté par Son Excellence Monseigneur le Duc de Doudeauville en sa qualité sus énoncée
L'hotel de Bernage situé à Paris rue de Bourbon No. 2.

. . . .
. . . .

En contre échange
M. le Duc de Doudeauville... cède... à MM. Usquin père & fils...
Une partie du Bois appelé le Bois de Sᵗ Denis située sur le territoire de la Commune du Tremblay Canton de Gonesse département de Seine et Oise, de la contenance de 111 hectares 74 ares, non compris le chemin du Loup, ni celui qui conduit à Villepinte traversant une partie dud. Bois.

. . . .

Le Bois de St. Denis appartient à Sa Majesté comme faisant partie de la dotation de la Couronne fixée par les lois du 18 novembre 1814 et 15 janvier 1825...

....

Fait et passé en son hotel pour Mgr. le Duc de Doudeauville et pour MM. Usquin en l'étude

L'an mil huit cent vingt cinq, le premier et quatre aout..... [1] »

La Grande Aumônerie de France devait occuper l'hôtel de Bernage jusqu'en 1830.

Le Grand-Aumônier de France, était alors Gustave-Maximilien-Juste, prince de Croy, né au château de l'Ermitage, près du Vieux-Condé le 12 septembre 1744. Évêque de Strasbourg en 1817, il remplaça, en 1821, le Cardinal de Périgord, dans la dignité de Grand Aumônier, qui diminua beaucoup d'importance par la création d'un Ministère des Affaires Ecclésiastiques en 1824. Pair de France en 1822, le 17 novembre 1823, le prince de Croy était transféré de l'évêché de Strasbourg à l'archevêché de Rouen; en 1825, il fut nommé cardinal. Il avait comme auxiliaires rue de Lille, Villain, trésorier de la Grande Aumônerie et les abbés Leclere et Perreau. Après la Révolution de 1830, le Cardinal de Croy se consacra entièrement aux affaires de son diocèse de Rouen et il mourut le 1er janvier 1844.

D'après le Sommier des Immeubles de l'État affectés à des Services publics, le 2 de la rue de Lille a été acquis par l'État, de Marie-Charlotte, fille de France, duchesse d'Angoulême, suivant acte passé devant Me Vingtain, notaire à Paris, le 31 mars 1831, moyennant le prix de 250 000 francs.

En exécution de la loi du 2 mars 1832, le Domaine prenait possession de l'hôtel, 2, rue de Lille, le 1er mai de 1832 [2].

1. Pièce obligeamment communiquée par Me André Crémery.
2. La Rue de Lille redevenue rue de Bourbon sous la Restauration par un arrêté préfectoral du 27 avril 1814 reprit son nom actuel le 1er septembre 1830.
Après la révolution de 1830, on donna à la rue de Bourbon le nom de *Lobau*, mais M. de Brigode, député du Nord, réclama contre cette dénomination et demanda qu'on lui rendit son nom de rue de Lille. M. Guizot, Ministre de l'Intérieur, écrivit le 1er sept. 1830 au Préfet de la Seine pour lui dire qu'il partageait cette manière de voir et autorisa le préfet à

Direction Générale de l'Enregistrement et des Domaines

Immeuble distrait de la dotation de la Couronne

Exécution de la loi du 2 Mars 1832

Procès verbal de la Prise de Possession

L'an mil huit cent trente deux le premier Mai

Je soussigné Jacques Pierre Thomas Ferratier, vérificateur de l'Enregistrement des Domaines au département de la Seine, demeurant à Paris rue de Gaillon No. 23. Chargé de la prise de possession de divers immeubles distraits de la dotation de la Couronne sis dans le département de la Seine, assisté de monsieur Paul Lelong, architecte du Domaine, demeurant à Paris rue de Lancry N° 10, Déclare avoir pris possession au nom de l'Etat en Exécution de la loi du deux mars mil huit cent trente deux de l'hôtel de la Grande Aumonerie sis à Paris rue de Lille numéro Deux (n'est pas occupé).

Monsieur Dubuc, Directeur des dépenses des batimens de la Couronne, chargé de me faire la remise du dit hotel en me la faisant m'a déclaré ne pas avoir en sa possession les Titres des propriétés qu'ils étaient aux archives de la Couronne que la remise en serait faite ultérieurement; mais qu'il lui était recommandé de faire expressément la réserve énoncée dans l'art. 5 de la loi précitée qui conserve dans la dotation nouvelle tous les objets d'art et les meubles meublans contenus dans les Immeubles de l'ancienne dotation.

Ainsi que la réserve qui dérive de la disposition finale de la même loi (le Roi ne devant supporter les dépenses relatives aux diverses propriétés distraites que jusqu'au premier Janvier mil huit cent trente deux) du remboursement par l'Etat de toutes les avances faites depuis cette époque tant pour le personnel que pour le matériel de la propriété.

Réserve que j'ai insérée au présent Procès-verbal à la réquisition de Monsieur Dubuc, susqualifié sans entendre pour cela engager l'Etat en rien.

Cette prise de possession faite sous l'engagement de la part de Monsieur Dubuc

restituer à la rue son nom de Lille et à faire replacer immédiatement les inscriptions qui l'indiquent. — Collection Lazard 67. — Archives de la Seine.

de fournir les titres de propriété aussitôt qu'il les aura en sa possession desquels il sera fait inventaire en double minute.

J'ai confié la garde du dit hotel à monsieur François Joachim PLIQUE, demeurant à Paris, rue du Regard No. 5 fonction qu'il a acceptée et qu'il a promis remplir fidelement et le présent Procès verbal rédigé en double minute a été signé par Messieurs Dubuc, Lelong, Plique et par moi.

A Paris ce premier mai mil huit cent trente deux : Signé Paul LELONG, FERRATIER, DUBUC, PLIQUE.

Conformément aux instructions du Directeur des Domaines de Paris, un état descriptif de l'ancien hôtel de la Grande Aumônerie fut fait le 1er Mai par l'architecte Paul Lelong, pour être joint à la prise de possession. Voici la description sommaire de l'immeuble d'après cet état descriptif :

Le dit hotel consiste en un batiment au fond parallele à la rue de Lille, élevé sur deux étages de caves, d'un rez de chaussée, premier étage avec entresol sur partie, d'un deuxième étage carré et troisième dans les combles couverts en ardoises.

En un bâtiment en aile à gauche sur la rue des Sts Pères élevé sur caves d'un rez-de-chaussée et entresol sur la rue, premier étage regnant avec celui du premier corps de batiment et d'un deuxième étage en mansarde et comble couvert en ardoises.

En un autre batiment en aile à droite ayant face sur la cour élevé d'un rez-de-chaussée regnant avec celui du premier corps de bâtiment d'un premier étage faisant suite aux autres et d'un comble en appenti couvert en ardoises.

En deux petits batimens en façade sur la rue de Lille séparés par le passage de la porte cochère, elevés d'un rez de chaussée et premier étage à hauteur de l'entresol du bâtiment en aile à gauche et d'un comble couvert en ardoises.

Enfin en une cour pavée au milieu des dits bâtimens [1].

Dans la description détaillée, qui suit la description sommaire, nous notons la rampe en fer à volutes et ornements estampés, maincourante en fer idem, la dite rampe formant galerie au premier étage. C'est cette rampe que nous avons connue, qui a été vendue avec les matériaux de démolition, lorsqu'il a fallu reconstruire l'hôtel, et qui a été remplacée par l'escalier, prétentieux et sans goût, actuel.

1. Archives des Domaines.

Le Ministre de la Guerre, qui avait émis des prétentions sur l'immeuble, y ayant renoncé, le 20 Septembre 1832, le Ministre des Finances décide qu'il sera procédé sans retard à l'aliénation de l'hôtel de la Grande Aumônerie afin d'économiser les frais de garde et autres qu'il exige, et le Directeur des Domaines, à Paris, est prié de se concerter immédiatement avec le Préfet pour l'accomplissement des mesures préliminaires à la dite aliénation, laquelle devra avoir lieu aux enchères publiques et dans les formes prescrites pour l'aliénation des biens de l'État.

Le 13 octobre 1832, l'architecte Paul Lelong est désigné par le Préfet de la Seine pour procéder à l'expertise de la valeur foncière de l'hôtel.

<small>Bureau du Domaine.</small>

Préfecture du Département de la Seine.

Vû la loi du 2 mars 1832, qui distrait de la liste civile, pour être employés ou vendus au profit de l'État, divers immeubles faisant partie de l'ancienne dotation de la Couronne

Le tableau annexé à la loi contenant l'indication de tous les immeubles distraits au nombre desquels se trouve compris l'hôtel de la Grande Aumônerie rue de Lille n° 2

La lettre de Mr. le Ministre des Finances en date du 20 Septembre dernier, laquelle porte 1° que Mr. le Ministre de la Guerre, qui avait demandé l'affectation du susdit hôtel à son département vient de lui faire connaître qu'il abandonnait toute prétention à la destination future de cet immeuble. 2° qu'en conséquence il y a lieu de procéder sans délai à son aliénation aux enchères publiques et dans les formes accoutumées.

Le Pair de France, Préfet

Arrête ce qui suit :

En exécution de la loi précitée et conformément aux instructions ministérielles ci-dessus mentionnées le sieur Lelong, architecte des Domaines, est nommé à l'effet de procéder à la visite, description et estimation de la valeur foncière de l'hôtel de la Grande Aumônerie Rue de Lille n° 2, desquelles opérations l'expert dressera en double minute un procès verbal ensemble un plan qu'il fera timbrer et enregistrer et qu'il déposera ensuite au Secrétariat Général de la Préfecture.

Expédition du présent arrêté sera adressée à Mʳ le Directeur des Domaines, pour qu'il en surveille l'exécution.

Une autre expédition sera délivrée au sieur Lelong, pour lui servir de pouvoir.

Fait à Paris le treize Octobre mil huit cent trente deux

Signé : Cᵗᵉ de BONDY

Pour Expédition conforme
Le Maître des Requêtes
Secrétaire Général.

Mʳ le Directeur de l'Enregᵗ. et des Domaines à Paris [1].

Le 8 Novembre, Lelong dépose au Secrétariat Général de la Préfecture son Procès verbal d'estimation ; mais deux jours plus tard, le 10 Novembre, le Directeur Général de l'Enregistrement et du Domaine écrit au Directeur de Paris :

« Une Ordonnance royale du 13 août 1831...... affecte à l'habitation des Archevêques de Paris, l'hôtel situé rue de Lille, No. 2, qui a été distrait de la dotation de la couronne.

« M. le Ministre des Cultes demande qu'il ne soit pas procédé à l'estimation de cet immeuble qu'il considère *comme n'étant pas disponible*.

« Je vous prie de me transmettre *sans délai* vos observations et votre avis à cet égard et de me faire connaître si Mʳ. l'Archevêque habite l'hôtel dont il s'agit.

« Il n'y a pas d'inconvéniens à ce que l'estimation dont vous m'entretenez par lettre du 30 Octobre No. 397 soit continué, mais il semble convenable de surseoir à la mise en vente [2]. »

L'Archevêque de Paris avait été en effet sans abri pendant quelque temps, à la suite du sac de l'Archevêché le 14 février 1831 [3]; après avoir erré à la Pitié, à la Salpêtrière et autres lieux, Mgr de QUÉLEN s'était installé à l'hôtel Chenizeau, 51, rue de Saint-Louis en l'Ile. D'ailleurs, si en Août 1831, l'hôtel appartenait à la liste civile, il avait

---

1. Archives des Domaines.
2. Archives des Domaines.
3. Il fut démoli quelques années après et sur son emplacement on créa une promenade plantée d'arbres et ornée d'une fontaine gothique.

depuis été distrait de la dotation de la Couronne, et réuni au Domaine de l'État par la loi du 2 mars 1832 ; cette loi avait fait cesser l'effet de l'Ordonnance royale qui n'avait jamais été exécutée, l'Archevêque de Paris n'ayant jamais pris possession de l'immeuble.

L'hôtel de la rue de Lille allait d'ailleurs passer par une période difficile ; tout le monde croyait avoir le droit de l'utiliser. Juste en face, le n° 1, où avaient jadis existé les écuries de la Comtesse d'Artois[1], qui, sous l'Empire, avaient été habitées par le Comte Réal, était occupé à l'époque qui nous intéresse, c'est-à-dire vers 1836, par l'État-major de la première Division militaire, dont le chef était le Lieutenant-général Comte Pajol ; ce dernier remisait une calèche au 2 de la rue de Lille et le juge de paix du 10ᵉ arrondissement y faisait garder sa voiture. Les soldats de planton à l'État-major y plaçaient leurs chevaux dans une écurie. De son côté le baron de Gazan, chef de l'État-major général, demandait à loger dans les écuries les plantons de cavalerie (22 octobre 1833), et bientôt le ministre de la Guerre émettait la prétention de s'emparer de l'immeuble[2].

A vrai dire l'hôtel de la rue de Lille, n° 2, servait de salle de ventes au Domaine, ce qui permettait au maire du 10ᵉ arrondissement, d'adresser, au commencement de 1835, une demande pour s'y établir dans un but d'utilité publique dans deux chambres du 1ᵉʳ étage, provenant de la bibliothèque de l'Aumônerie de Charles X. Cette demande est rejetée, car ces pièces servaient de dépôt aux objets

1. D'après le Sommier des Domaines nationaux, la maison des Écuries d'Artois au coin de la rue des Saints Pères, No. 680, Section de la Fontaine de Grenelle, 10ᵉ arrondissement; fut vendue au citoyen Brillantais et Cie, rue de Bellefond No. 1258, le 8 Gᵃˡ an 5 en vertu de la loi du 16 Bʳᵉ précédent moyennant 461 500ᶠᵗ.

2. D'après l'*Almanach général parisien* par Luttou, pour 1836, 2ᵉ année, au No. 1 de la rue de Lille, 10ᵉ arrondissement, les locataires étaient : État-major, 1ʳᵉ division militaire ; Pajol (Comte) (G. C. ✱), lieut.-gén., pair; Bord (O. ✱), Chef d'escadrons ; Bain-Boudouville (✱) ; Witerne (O. ✱), Chef d'escadrons ; Borel de Brétizel, capitaine ; Coppenhague, Secrétaire particulier.

Les locataires du No. 4 étaient: Boisgarnier, avoué honoraire ; Dupeyrat, rentier ; Guillonet-Merville, juge de Paix [M. G. M. était juge de Paix depuis 1828] ; Lefebvre d'Evaux (O. ✱), général ; Ozenne, professeur.

domaniaux dont la vente était ordonnée. Le 12 mars, nouvelle demande du maire, nouveau refus.

En janvier 1836, le commissaire-priseur du faubourg Saint-Germain, BATAILLARD, chargé de la vente du mobilier du château de Rosny, demande à faire cette opération 2, rue de Lille, « où se font ordinairement les ventes du mobilier appartenant au domaine de l'État. » Refus.

La même année, en mars, le maire du 4ᵉ arrondissement annonce que la Société des Pauvres honteux de Paris opérera, le 6 avril, la vente publique des objets confectionnés pour les indigents, dont le produit doit être employé pour leur soulagement, et demande que la vente se fasse 2 rue de Lille. Nouveau refus.

Le 27 juin 1838, l'Administration de l'Enregistrement et du Domaine, prévient le Directeur de Paris que le local actuellement occupé par les bureaux de la comptabilité des Cultes, dans les bâtiments du ministère de l'Intérieur, devant être démolis pour l'exécution des projets d'agrandissement des hôtels de l'Intérieur et du Commerce, le ministre de la Justice et des Cultes, au département duquel est affecté l'hôtel de l'ancienne Grande Aumônerie, rue de Lille, n° 2, fait connaître qu'il se propose d'établir momentanément ces bureaux dans une partie de cet ancien hôtel.

De son côté, le ministre des Finances répond le 22 juin au ministre de la Justice qu'il ne voit aucune difficulté à l'exécution de ce projet, puisque l'administration des Domaines aurait toujours la faculté de faire dans cet hôtel le dépôt et la vente de certains objets hors de service appartenant à l'État.

Par décision du ministre des Finances du 22 juin 1838, et suivant les instructions du Directeur des Domaines du 27 juin, il est dressé, le 29 juin, un procès-verbal par lequel une partie des locaux du 2 rue de Lille, est mise à la disposition de M. LANGLOIS, chef de la Comptabilité des Cultes, pour y installer ses bureaux. Ces locaux étaient composés de 1° tout le premier étage de l'hôtel, comprenant l'appartement à droite du grand escalier, 9 pièces et l'appartement à gauche 6 pièces. 2° partie du 2° étage sur la cour, parallèle à la rue de Lille, formant un appartement, composé de 5 pièces. L'Administration du Domaine se réservait la libre disposition des autres parties de l'hôtel. La Comptabilité des Cultes quitta le local à la fin d'octobre 1840 et décharge fut donnée à M. Langlois, le 12 juin 1841.

Ce malheureux immeuble était encombré de toutes sortes d'objets : c'était un des deux dépôts nationaux de l'Enregistrement et des Domaines ; l'autre était situé rue Saint-Germain l'Auxerrois, n° 21. Aussi le 9 mai, le Vérificateur des Domaines attire-t-il l'attention de son Directeur sur cet état de choses.

4° DIVISION
1re SECTION

n° 101 = 1

Département de la Seine.

ADMINISTRATION
DE L'ENREGISTREMENT ET DES DOMAINES.

Paris, le 10 Juin 1840.

Vous faites connaître, Monsieur, par lettre du 21 Mai dernier n° 469 = 1, que l'hôtel de la rue de Lille, dont le rez-de-chaussée sert, provisoirement de dépôt pour le mobilier de l'État, est, en ce moment, tellement encombré, qu'il y a impossibilité d'y recevoir les objets réformés, dont plusieurs chefs d'administration vous pressent de prendre livraison.

Cet état de choses pouvant exciter des réclamations et nuisant, d'ailleurs, aux opérations préliminaires des ventes, il vous paraîtrait nécessaire, tout en conservant le dépôt établi rue Saint-Germain l'Auxerrois, où seulement seraient transportés les effets provenant des Successions en deshérence, de créer un nouveau dépôt plus spacieux et plus convenable que l'hôtel de la rue de Lille, avec d'autant plus de raison que cet hôtel, qui a une autre destination, peut, au premier moment cesser d'être à la disposition du Domaine.

Vous ajoutez que la maison rue Saint-Germain l'Auxerrois est dans un tel état de dégradation que bientôt on sera obligé d'y faire des réparations considérables ; que cette maison, située dans un quartier très commerçant, se vendrait avantageusement, et que si l'on s'arrêtait à ce dernier parti, il y aurait alors nécessité de louer un vaste local où les effets provenant des successions en deshérence, ainsi que le mobilier de l'État, proprement dit, pourraient être déposés et vendus.

Il y a peu de temps encore, la maison rue Saint-Germain l'Auxerrois était seule affectée aux dépôts de mobiliers de toute origine.

Je vous prie de vérifier si l'encombrement que vous signalez ne tiendrait pas : d'une part, à ce que les ventes ne se feraient pas assez promptement ; d'autre part, à ce que l'on transporterait, aux dépôts, des objets qui pourraient être vendus sur place.

Un point sur lequel l'Administration désire d'être également fixée, c'est celui de savoir si la maison rue Saint-Germain l'Auxerrois, qui est, ce semble, très favorablement située pour le succès des ventes de nature de celles dont il s'agit, pourrait être remplacée avec avantage, ou au moins sans perte pour le Trésor.

La condition nécessaire pour un tel remplacement (la situation du nouveau local supposée, du reste, aussi favorable) serait que le loyer de ce local, fût en rapport avec le prix que l'on retirerait de l'ancien.

Vous voudrez donc bien établir, approximativement, des calculs à cet égard, en faisant en même temps connaître le rayon dans lequel vous penseriez que devrait être situé le nouvel emplacement.

Il conviendra de joindre à votre réponse, les demandes des Chefs d'administration, auxquelles l'encombrement des dépôts ne vous aurait pas encore permis d'obtempérer, et deux États (un pour la maison rue St-Germain l'Auxerrois, l'autre pour l'hôtel de la rue de Lille) contenant, quant aux objets non vendus, les détails suivants :

1° N° d'ordre ;
2° Date de chaque dépôt ;
3° Origine des objets déposés ;
4° Détail sommaire des objets constituant chaque dépôt ;
5° Valeur approximative de ces objets ;
6° Observations faisant connaître, notamment, les motifs qui s'opposeraient à une vente immédiate.

Recevez, etc.

Le Sous-Directeur de l'Administration
Chargé de la 4ᵉ Division.

Le Chef de 2ᵉ classe
Lambert

Monsieur le Directeur des Domaines à Paris[1].

---

1. Archives des Domaines.

N° 500. S^on 80, du 7 Mai 1840

N° 196, du 9 Mai 1840

Monsieur le Directeur,

L'hôtel de la rue de Lille N° 2 dont le rez-de-chaussée sert momentanément de Dépôt au mobilier de l'Etat est dans ce moment encombré d'effets de diverses natures provenant de saisies, d'épaves ou de remises faites au Domaine par les administrations publiques ; un grand nombre d'objets sont même déposés dans la Cour, faute de place dans le bâtiment ; cependant par vos lettres du 24 Mars, 21 Avril dernier et 7 mai courant, vous me chargez de recevoir immédiatement de l'administration des chemins de fer, du ministère des Finances et du ministère de la Guerre, des effets dont la vente doit être faite par le Domaine. Le défaut d'emplacement ne me permet pas de faire arriver de suite ces mobiliers au dépôt et je ne pourrai les recevoir qu'au fur et à mesure que ceux qui s'y trouvent maintenant seront vendus.

Il serait à désirer que l'administration pût établir son Dépôt dans un local plus spacieux, pour éviter que les opérations relatives aux ventes du mobilier de l'Etat n'éprouvent pas de retard. La création d'un nouveau Dépôt est d'autant plus nécessaire que l'hôtel de la rue de Lille étant déjà affecté à un service public, peut cesser d'un moment à l'autre d'être à la disposition de l'Administration.

Agréez, etc.

Le Vérificateur des Domaines
A. F. Abraham [1]

Voici la réponse de l'Administration :

L'hôtel de la rue de Lille avait trouvé un acquéreur dans le propriétaire de la maison voisine, 4, rue de Lille : M. Boisgarnier, ce propriétaire, écrit le 25 avril 1839 pour savoir de l'Administration si l'immeuble non occupé par l'Archevêque de Paris était à vendre, étant désireux de l'acquérir, si le prix qui serait fixé par des experts ne s'élevait pas au delà de ses calculs. On lui répond que pour le moment, aucune suite ne pouvait être donnée à cette demande. Il est assez curieux, en effet, que l'ordonnance qui affectait l'immeuble à l'Archevêque de Paris, n'avait pas été rapportée ; on y pourvut, par une nouvelle ordonnance du 6 juillet 1841.

1. Archives des Domaines.

Ministère des Finances

Administration de l'Enregistrement et des Domaines.

ORDONNANCE DU ROI

Louis-Philippe,
Roi des Français,

Sur le Rapport de notre Garde des Sceaux, Ministre Secrétaire d'Etat, au Département de la Justice et des Cultes ;
Vu l'article 1er de l'Ordonnance du 13 Août 1831 qui affecte au logement de l'Archevêque de Paris, l'hôtel situé rue de Lille, N° 2, provenant de la dotation de l'ancienne liste civile ;
Vu les dernières dispositions prises pour assurer ce logement dans l'ancien hôtel de Vins, situé rue et île Saint-Louis N° 45, desquelles résulte l'inutilité de maintenir la première affectation ;
Nous avons ordonné et ordonnons ce qui suit.

Article 1er

L'hôtel situé, rue de Lille No. 2, est remis à la disposition de l'Administration des Domaines.

Article 2.

Notre Garde des Sceaux Ministre Secrétaire d'Etat au Département de la Justice et des Cultes et notre Ministre des Finances sont chargés de l'exécution de la présente Ordonnance.

Fait à Paris le six Juillet mil huit cent quarante un.

Signé Louis-Philippe.

Par le Roi
Le Garde des Sceaux
Ministre Secrétaire d'Etat, de la Justice et des Cultes
Signé N. Martin (du Nord)

Pour ampliation :
Le Maître des Requêtes Directeur de l'Administration des Cultes
Signé Dessauret

Pour copie conforme
Le Conseiller d'Etat Secrétaire Général des Finances
Signature

Pour copie conforme
Le Sous-Directeur
de l'Administration de l'Enregistrement et des Domaines,
chargé de la 4e-Division
G. Deschesne [1]

Le Chef de 1ère classe
Lambert

Les instructions suivantes sont envoyées en conséquence au Directeur des Domaines et la question de dégager l'hôtel du mobilier qui l'encombre est soulevée.

4e Division

1ère Section

n° 4573 (3)

Département
de la Seine.

ADMINISTRATION
DE L'ENREGISTREMENT ET DES DOMAINES

Paris, le 24 Juillet 1841.

Vous trouverez ci-joint, Monsieur, copie d'une Ordonnance Royale du 6 Juillet courant, qui remet à la disposition du Domaine, l'hôtel de l'ancienne Grande Aumônerie, rue de Lille, N° 2, précédemment affecté par l'Ordonnance Royale du 13 août 1831, au logement de Mr. l'Archevêque de Paris.

Je vous prie de faire mention de cette nouvelle Ordonnance, en marge de l'Article 47 de votre Sommier des biens de l'Etat, non affectés à un service public, où l'hôtel dont il s'agit n'a pas cessé de figurer, la première Ordonnance n'ayant reçu aucune exécution.

L'affectation prochaine de cet hôtel à un service public pouvant être prévue, je vous prie de me faire connaître, *sans retard*, si le mobilier de l'Etat qui y est déposé, ne pourrait pas être vendu, dans un délai très rapproché ;

Si le dépôt, rue Saint-Germain l'Auxerrois, N° 21, ne suffirait pas à contenir celui qui ne pourrait être vendu, en écoulant également par une vente très prompte, tous les effets disponibles qui existent à ce dépôt ;

A Monsieur le Directeur des Domaines à Paris.

1. Archives des Domaines.

Enfin, dans quel local pourraient être transportés les objets, qui, n'ayant pu être vendus, n'auraient pu être non plus, placés au Dépôt.

Recevez, etc.

Le Sous-Directeur de l'Administration
chargé de la 4ᵉ Division
Dechesne

Le Chef de 1ᵉʳᵉ Classe
   Lambert [1].

Déjà, au mois de juillet 1840, on avait proposé le transfert de ce qui se trouvait rue de Lille au 38, rue du Cherche-Midi, dans un bâtiment de l'État, qui avait jadis servi à la manutention des vivres, actuellement libre de tout service. D'autre part, le 21 septembre 1841, le Conseil d'administration des Domaines proposa de vendre aux enchères la maison domaniale, 21, rue Saint-Germain-l'Auxerrois, affectée également au Dépôt. Mais toutes ces propositions n'eurent pas de suite, car le Ministre de la Guerre réclamait à nouveau l'hôtel de la Grande Aumônerie, pour y placer les Bureaux de l'Intendance militaire installés dans une maison particulière de la rue de Verneuil.

ADMINISTRATION
DE L'ENREGISTREMENT ET DES DOMAINES

Division
—
Section

573 = 1

artement
la Seine

Paris, le 31 Janvier 1843

Par une délibération du 21 Septembre 1841, plusieurs fois rappelée, Monsieur, à l'attention de Mʳ le Ministre des Finances, le Conseil d'Administration avait proposé de vendre, aux enchères, la maison domaniale rue St Germain l'Auxerrois Nº 21, affectée au dépôt et à la vente des mobiliers de l'Etat et d'affecter définitivement à cette destination l'hôtel de l'ancienne Grande Aumônerie, rue de Lille, Nº 2.

Mais Mʳ le Ministre de la Guerre ayant depuis insisté, de nouveau, pour obtenir l'affectation de ce dernier hôtel au Service de son département, pour y placer les Bureaux de l'Intendance militaire actuellement installée dans une maison parti-

1. Archives des Domaines.

culière rue de Verneuil qui a été louée à cet effet, M^r le Ministre des Finances a fait connaître, par lettre, à M^r le Directeur Général du 26 Janvier courant, qu'il ne lui paraissait pas possible d'affecter l'hôtel dont il s'agit au Dépôt et à la vente du mobilier de l'Etat, ni d'en conserver plus longtemps la jouissance à l'Administration des Domaines.

Toutefois, M^r le Ministre des Finances ajoute qu'il attendra, pour faire part de sa détermination à M^r le Ministre de la Guerre, que M^r le Directeur Général l'ait informé de l'époque à laquelle ce même hôtel pourra être évacué.

Je vous prie de faire, sur le champ, les dispositions les plus promptes pour la vente, dans la forme ordinaire, de tout le mobilier disponible qui existe tant au dépôt rue Saint Germain l'Auxerrois, que dans l'hôtel rue de Lille. Il importerait que cette vente eût lieu presque en même temps dans les deux endroits, pour que ceux des objets existants rue de Lille, qui n'auraient pu être vendus, pussent être transportés sans retard au dépôt.

Provisoirement, je vous prie de me faire savoir l'époque précise à laquelle l'hôtel rue de Lille sera rendu libre

Recevez, etc.

Le Sous Directeur de l'Administration
chargé de la 4e Division
Dechesne [1]

Le Chef de 1ère Classe
Lambert

M^r le Directeur des Domaines à Paris.

Mais comme on le verra par les lettres suivantes, les locaux proposés pour le transfert des mobiliers déposés rue de Lille et rue Saint-Germain-l'Auxerrois étaient insuffisants.

N° 17778. Dossier 451.
Magasins
Paris, le 4 février 1843,
N° 147, fr. n 2.

Paris le 7 février 1843

Monsieur le Directeur

Il résulte de l'examen que je viens de faire des localités du magasin général rue Saint Germain l'Auxerrois N° 21, et de sa succursale, rue de Lille, N° 2, — ainsi que des mobiliers qui se trouvent en ce moment dans ces deux dépôts — qu'il serait impossible de réunir tous ces mobiliers dans le dépôt de la rue Saint Ger-

1. Archives des Domaines.

main l'Auxerrois, N° 21, et surtout de les y lotir pour les ventes à en faire ; qu'en conséquence, il est urgent, si l'hôtel de la rue de Lille N° 2 doit être incessamment livré au Ministère de la Guerre, d'y faire vendre au plutôt les mobiliers provenant de divers Ministères et de plusieurs Administrations ; leurs effets militaires, et ceux retirés de greffes, qui y sont actuellement déposés.

Le magasin général, rue Saint-Germain l'Auxerrois, N° 21, ne contient cependant aujourd'hui que peu de mobiliers, et il en sera ainsi pendant quelques mois encore par suite de la mesure qui me paraît momentanément résolue, de ne pas recueillir toutes les successions qui devraient l'être ; il en résultera évidemment une grande diminution dans les produits : Cette diminution, Monsieur, frappera les yeux de l'Administration, et lui fera reconnaître ce qu'une expérience de 18 années m'a démontré, ainsi que j'ai eu l'honneur de vous l'exposer plusieurs fois, que pour parvenir à recueillir les bonnes successions, il est indispensable de les prendre toutes, sans distinction ; ce principe reconnu et arrêté, viendra le moment où la régie des successions de nature à être recueillies au nom de l'Etat devra être débarrassée de toutes ces longueurs et entraves administratives qui rendent la plupart des propriétaires récalcitrants, et si faciles à écouter les conseils intéressés des greffiers de Justice de Paix, et alors ce Magasin général sera suffisant à peine pour contenir tous les mobiliers provenant de successions dévolues à l'Etat.

D'ailleurs, ce Magasin, qui a une cour si peu spacieuse qu'à peine les voitures peuvent y entrer, est dans un tel état de vétusté et de délabrement, qu'il est à craindre de voir quelque jour Marchands et marchandises descendre d'un étage supérieur à celui de dessous, et qu'il serait du plus grand danger, même si l'espace était suffisant, d'y entasser des marchandises aussi pesantes que les boiseries, fers, etc., et des milliers de kilos de papiers, qui, pour les vendre, devraient être lotis jusque sur l'escalier, en l'étayant avec grand soin, comme je l'ai vu faire pour essayer, car cet escalier aussi menace ruine.

Au surplus, Monsieur, permettez-moi de vous le dire, ce magasin est sous tous les rapports inconvenable, et tout à fait au-dessous de la dignité de l'Administration à laquelle il doit servir de Dépôt.

Le moment serait donc propice d'en choisir un parmi les bâtiments de l'Etat, disponibles ou qui vont l'être, assés vaste pour pouvoir contenir à la fois, et permettre d'y vendre convenablement les mobiliers provenant des successions recueillies au nom de l'Etat, ceux retirés des divers Greffes, et ceux proprement nommés mobiliers de l'Etat, qui sont les plus volumineux et les plus pesants

Le Vérificateur
Eck [1]

---

1. Archives des Domaines.

4e Division

1ère Section

N° 4573 = 1

Département
de la Seine

ADMINISTRATION
DE L'ENREGISTREMENT ET DES DOMAINES

Paris le 24 Mars 1843

M. le Ministre des Finances à qui il a été rendu compte, Monsieur, des faits énoncés dans vos lettres des 9, 10 et 11 Février dernier et 1er Mars courant n° 469 = 1, a fait connaitre par lettre à M^r le Directeur Général, du 17 mars courant, que jusqu'à ce que l'Administration ait trouvé un local convenable pour le dépôt du mobilier de l'État, destiné à être vendu, « et que ce dépôt puisse être placé dans un édifice suffisamment vaste, loué, acheté, ou même construit, s'il est nécessaire, aux frais de l'État, il doit rester entendu que rien ne fait obstacle à ce que les effets mobiliers remis au Domaine continuent d'être reçus par ses préposés, conformément aux loix et règlements, et déposés dans les locaux qui y sont maintenant affectés. »

D'après cette décision, rien ne s'oppose plus à ce que vous fassiez prendre livraison des objets dont la remise a été récemment offerte par le Ministère de la Guerre et par l'Administration des Contributions indirectes, ainsi que de ceux déposés au Greffe de la Cour Royale et je vous prie de transmettre, sur le champ, des instructions en conséquence.

Vous voudrez bien, en outre vous occuper, sans retard, de faire les recherches les plus actives, à l'effet de découvrir pour le louer ou l'acheter, et même y faire les constructions nécessaires, un local convenable et assez vaste pour tenir lieu des deux bâtiments (celui rue St Germain l'Auxerrois et celui rue de Lille) servant actuellement au dépôt dont il s'agit.

Vous aurez soin de m'informer du résultat de ces recherches le plus promptement possible. M. le Ministre des Finances, qui en sera lui-même informé par l'Administration, recommande cet objet à son attention, comme extrêmement *urgent*.

L'état des effets mobiliers à remettre au Domaine par le Ministère de la Guerre, qui accompagnait votre lettre précitée du 1er Mars, est ci-joint.

Recevez, etc.

Le Sous Directeur de l'Administration
chargé de la 4e Division
DECHESNE

Le Chef de 1ère classe
LAMBERT.

Monsieur le Directeur des Domaines à Paris [1]

1. Archives des Domaines.

Le 18 octobre 1845, nouvelle requête du Ministre de la Guerre, qui demande à son collègue des Finances l'affectation du 2 de la rue de Lille au service de la première division militaire; ce projet est abandonné, mais en 1846, la Guerre ne lâche pas sa proie, et de nouveau, désire installer dans l'immeuble les Bureaux de l'Intendance. Il faudra donc évacuer l'hôtel de la rue de Lille. Cette fois, la chose paraît sérieuse, et en septembre 1846, l'architecte Lelong, trouve qu'il est possible de transférer le Dépôt du Mobilier du Domaine dans le bâtiment des Barnabites dans la Cité, tout en y maintenant les Archives de la Cour des Comptes qui y étaient conservées.

A la fin de 1848, le vérificateur des Domaines est invité à faire un état de tous les objets mobiliers qui se trouvent rue de Lille :

(f^{on} 1ère Paris 2 X^{bre} 1848 n° 1277)
ivision

Paris le 3 Décembre 1848

Monsieur le Sous Directeur

Hier en rentrant chez moi à 6 heures, j'ai trouvé la lettre par laquelle vous me demandez pour demain matin 4 du courant, un état détaillé des objets mobiliers de toute nature qui sont ordinairement déposés, pour être mis en vente aux enchères publiques, aux dépôts de la rue de Lille et de la rue St Germain l'Auxerrois, avec indication de leur quantité approximative. Je m'empresse d'avoir l'honneur de satisfaire à cette demande.

Le Dépôt de la rue de Lille reçoit les objets mobiliers de toutes natures, provenant 1° de réformes faites dans les divers Ministères et Administrations publiques, tels que papiers, dont la quantité est d'environ 150 à 200,000 kilog. par an, Meubles meublans, linge, boiseries, objets en fer, cuivre, plomb, tôle, toujours très embarrassants par leur poids et leurs dimensions, Malles poste et autres voitures, chariots, etc. etc.

2° Les objets de casernement, d'habillement et d'équipement militaires, les vivres reconnus impropres à la nourriture des troupes. Ces objets sont souvent en si grande quantité que l'emplacement manque quelquefois pour les mettre en magasin.

3° Les objets retirés des greffes de la Cour d'Appel, des tribunaux de première instance et de simple police; de la Morgue qui sont excessivement nombreux et souvent si encombrants qu'on est obligé d'en laisser une partie dans la cour.

4° Les objets non réclamés et versés par les Messageries et chemins de fer consistant en quantité de malles, valises, caisses et paquets remplis d'effets et marchandises de toutes espèces.

Ce dépôt renferme en outre dans ce moment tous les papiers timbrés réformés au mois de Juillet 1847; ils occupent une partie de l'aile droite et du rez de chaussée.

Le dépôt de la rue Saint Germain l'Auxerrois reçoit annuellement les mobiliers de 250 à 300 successions en déshérence, plus les objets militaires ou des greffes quand il y a impossibilité de les placer au Dépôt de la rue de Lille.

Salut et respect

Le vérificateur des Domaines

A.-P. ABRAHAM [1]

La Révolution de 1848 éclate : malgré le changement de gouvernement, à la suite d'un décret du Président de la République du 27 avril 1850, il est décidé (avril) que le Dépôt du Mobilier de l'État sera, en effet, transféré dans le bâtiment des Barnabites, et que l'hôtel de la rue de Lille sera aliéné aux enchères.

3e Division

1ère Section

N° 4573 (1)

Département de la Seine.

ADMINISTRATION
DE L'ENREGISTREMENT ET DES DOMAINES

Paris le 13 Avril 1852.

Lorsque le dépôt du mobilier de l'État, Monsieur, aura été transféré dans les bâtimens des Barnabites, en exécution du décret de M. le Président de la République du 27 avril 1850, l'hôtel de l'ancienne Grande Aumônerie rue de Lille n° 2 devra être aliéné aux enchères.

Je vous prie de vous occuper dès à présent, des dispositions à faire tant pour que cet hôtel devienne bientôt disponible, que pour que l'adjudication en soit pro-

---

1. Archives des Domaines. — *Adrien Pierre* ABRAHAM, vérificateur des Domaines, demeurant 63 rue des Martyrs.

chainement tentée. Vous aurez soin de m'informer du résultat des mesures qui auront été prises.

(n° 469) (4) de votre Correspondance.)

Recevez, etc.

L'Administrateur de
l'Enregistrement et des Domaines
Signé

Le Chef de 2⁰ classe
SAINJON

Monsieur le Directeur des Domaines à Paris [1].

N° 469 f [1]
2⁰ Division
4⁰ Bureau
rue de Lille n° 2
Aliénation

Paris le 14 Mai 1852,

Monsieur le Préfet

M. le Président de la République par un décret du 27 avril 1850, a affecté au Dépôt du Mobilier de l'État le bâtiment des Barnabites [2] où étaient autrefois déposées les Archives de la Cour des Comptes. Les travaux d'appropriation pour la nouvelle destination de ces bâtiments touchant à leur fin, mon administration a décidé que l'ancien hôtel de la Grande Aumônerie rue de Lille n° 2, serait aliéné aux enchères.

Dans ces circonstances, j'ai l'honneur de vous proposer de désigner M. GRÉTERIN, architecte, à l'effet de procéder, sous l'assistance d'un employé supérieur de ma Direction à la vérité, à la description et à l'estimation de la valeur vénale de cet immeuble, dont l'aliénation doit avoir lieu le plus promptement possible [3].

Mais il semble qu'un sort soit attaché à l'immeuble. Le Gouvernement se ravise et le Ministre des Finances décide le 28 octobre 1852

1. Archives des Domaines.
2. La Cour des Barnabites se trouvait au No. 1 de la Place du Palais de Justice située en face de l'entrée principale du Palais de Justice. Les Barnabites supprimés en 1790 y avaient bâti leur couvent en 1629 à la place du monastère connu sous les noms de Saint Martial, de Saint Éloi et d'abbaye Sainte Aure construit au VII⁰ siècle par Saint Eloi.
3. Archives des Domaines.

que les Caisses d'Amortissement et des Dépôts et Consignations seraient transférées provisoirement, 2, rue de Lille : cette décision est confirmée le 29 janvier 1853.

D'autre part, le locataire d'un appartement situé quai Voltaire, n° 3 susceptible d'être mis en communication avec l'hôtel domanial de la rue de Lille, n° 2, M. de Rothiacob ayant un bail à courir jusqu'au 1er avril 1856 était disposé à en céder la suite, au prix de location qui était de 6 250 francs. Le 3 du quai Voltaire, un des anciens hôtels de la Briffe, acquis pour 380 000 francs le 31 décembre avait pour propriétaire Auguste-René Dallemagne et sa femme Floreal J. Machery, demeurant 12, rue des Deux-Portes-Saint-Sauveur ; je note qu'en 1816, une location de la totalité de l'hôtel avait été faite pour 9 ans à 15 750 francs, impositions en sus.

Le Ministre des Finances, Bineau, écrivait à la date du 29 novembre 1853 au Directeur général de l'Enregistrement et des Domaines :

« La location par l'État de cet appartement paraissant devoir faciliter l'installation de la dite Administration, je ne puis qu'y donner mon approbation, et je vous invite en conséquence, à faire immédiatement les dispositions nécessaires pour que la cession à l'État du bail de M. de Rothiacob, puisse être réalisée, dans le plus bref délai possible et dans les conditions ci-dessus indiquées[1] ».

Ce projet paraît n'avoir pas été exécuté, et l'État trouvant insuffisant le local de la rue de Lille, n° 2, pour les services de la Caisse des Dépôts et Consignations, loua, le 28 janvier 1853, le bâtiment voisin, c'est-à-dire le n° 4 de la rue de Lille à Joseph-Auguste Boisgarnier, propriétaire, pour six ans à partir du 1er avril 1853, moyennant 30 000 francs par an ; toutefois le rez-de-chaussée restait occupé par les libraires Garnier frères depuis installés dans l'immeuble du n° 1 rue de Lille au coin de la rue des Saints-Pères.

---

1. Archives des Domaines.

2ᵉ Division
4ᵉ Bureau
(Domaines)

Objet.
...s d'Amortissement
...pôts et Consignations

...n d'une maison rue
n° 4, pour être annexée
...el Domanial même
affecté à ces services.

CAISSE D'AMORTISSEMENT
ET DES DÉPÔTS ET CONSIGNATIONS

Préfecture
du Département de la Seine.

L'an mil huit cent cinquante trois, le vingt-huit janvier
Devant Nous, *Jean Jacques* BERGER, Préfet du Département de la Seine.
Et en présence de M. *Charles Frédéric* de CHAVANES Directeur des Domaines au même Département,
Est comparu M. *Joseph, Auguste* BOISGARNIER, propriétaire, demeurant à Paris, rue de Lille n° 4,
Lequel, pour réaliser la promesse qu'il en a souscrite par acte passé sous signature privée entre lui et Mʳ le Directeur des Domaines, le trente décembre dernier,
A, par ces présentes, fait bail et donné à loyer à l'État, pour six années consécutives qui commenceront le premier avril prochain (1853) pour finir à pareille époque de l'année Mil huit cent cinquante neuf.
Une maison appartenant audit Sʳ Boisgarnier, sise à Paris, rue de Lille n° 4, avec toutes ses dépendances sans aucune exception ni réserve,
Ce qui est accepté au nom de l'État par nous Préfet en exécution de la décision prise par M. le Ministre des Finances le 10 de ce mois.
Ce bail est consenti aux clauses et conditions ci-après exprimées, que les parties s'obligent de bien et fidèlement remplir et exécuter

Art. 1ᵉʳ

L'État jouira des lieux comme il l'entendra, pour en faire des bureaux ou logements pour le service de la Caisse des Dépôts et Consignations ou de toute autre administration de même nature ; mais sans pouvoir sous-louer en tout ou en partie ni céder ou transporter son droit au présent bail sans une autorisation, par écrit du bailleur.

Art. 2.

Le bailleur s'oblige, selon l'usage, à tenir les lieux clos et couverts et à en faire jouir paisiblement le preneur pendant toute la durée du bail.

Art. 3.

L'État aura la faculté de faire dans la dite maison, tous les changements et appropriations qu'il jugera convenables, mais sans pouvoir en modifier la façade actuelle et en se conformant aux prescriptions de l'article qui va suivre.

Art. 4.

Les ouvertures qui pourront être faites dans les murs mitoyens pour établir des communications seront aux frais du preneur seul, qui sera tenu d'entretenir les lieux de toutes réparations locatives et qui supportera, seul aussi, les grosses réparations qui seraient nécessitées par les travaux par lui effectués dans les lieux.

Dans le cas d'ouvertures comme dans celui de grosses réparations ou d'appropriations et travaux pouvant intéresser la solidité de la maison, le bailleur sera appelé à faire surveiller les travaux par son architecte.

Art. 5.

Le bailleur remettra à l'État, le premier Avril mil huit cent cinquante trois, toutes les localités de ladite maison, qui auront dû être évacuées et rendues entièrement libres, à l'exception du rez-de-chaussée tel qu'il est désigné au bail fait à MM. Garnier frères.

Ce rez de chaussée continuera d'être occupé par ces derniers auxquels il est loué jusqu'au premier avril mil huit cent soixante, mais l'État touchera, de ces locataires, le loyer par eux dû, et qui s'élève annuellement à la somme de Quinze cents francs, à partir du 1er Avril prochain, jour de son entrée en jouissance, lequel loyer doit être porté à seize cents francs à partir du 1er avril mil huit cent cinquante six.

L'État exécutera toutes les conditions de ce bail, dont il lui a été donné connaissance, en un mot, il sera subrogé aux droits actifs et passifs de M. Boisgarnier à l'égard de Mrs Garnier.

Art. 6.

Pendant la durée du bail, l'État supportera les frais d'éclairage au gaz et ceux de la vidange de la fosse d'aisance et du curage du puits. L'État paiera également les gages du concierge qu'il pourra y établir.

Art. 7.

A la fin du bail, l'État sera tenu de rétablir les lieux, conformément à l'état qui sera dressé lors de son entrée en jouissance, à ses frais et avec le concours du bailleur, et de renouveler les peintures et les papiers de tenture. Les lieux ainsi complètement rétablis seront remis au bailleur de manière qu'il en ait la libre disposition pendant tout le cours de la dernière année, pour laquelle le loyer continuera cependant à être payé par l'État.

Art. 8.

Si le propriétaire était dans l'obligation de faire à sa maison de grosses réparations, pendant le cours du présent bail, le preneur serait tenu de les supporter sans indemnité, quelle qu'en fût la durée.

Art. 9.

Le prix de ce bail est fixé annuellement à la somme de trente mille francs, qui sera payé en quatre termes égaux, de trois en trois mois, dont le premier écherra le premier Juillet mil huit cent cinquante trois et ainsi de suite, et selon les règles de la comptabilité des Finances.

Fait à Paris à l'hôtel de Ville, les jour, mois et an sus énoncés.

Et a Mr Boisgarnier, signé avec M. le Directeur des Domaines et Nous Préfet, après lecture faite,

Signé : DE CHAVANES, BOISGARNIER et BERGER

Ensuite est écrit : Enregistré gratis à Paris le trente un Janvier 1853 f⁰ 101 B⁰ cases 3 et 4

Signé BERNIER

Pour expédition conforme
Le Secrétaire général de la Préfecture,

signé MERRUAU.

Pour Copie Conforme :
Le Sous-Directeur,

Chargé de la Division du Personnel, du Secrétariat, des Archives et du Contrôle de la Caisse Centrale.

BERTHOLLET [1].

Il fallut exécuter de nombreux travaux de reconstruction, de réparation et de consolidation à l'hôtel de la rue de Lille avant que la Caisse des Dépôts pût s'y installer ; on ne dépensa pas moins de 80 057 fr. 14 c.

[1]. Archives des Domaines.

En 1858, la Caisse des Dépôts et Consignations quittait l'hôtel du n° 2 de la rue de Lille et par Décret impérial du 6 février 1858 l'immeuble était attribué au Département de la Marine pour être affecté à l'École impériale d'application du Génie maritime.

NAPOLÉON
par la grâce de Dieu et la
volonté nationale,
Empereur des Français :

A tous présents et à venir, salut :

Sur le rapport de notre Ministre Secrétaire d'Etat, au Département de la Marine et des Colonies, concerté avec notre Ministre d'Etat ;

Vu l'Ordonnance du 14 juin 1833, qui règle le mode à suivre, pour l'affectation d'un immeuble domanial à un service de l'Etat,

Considérant l'utilité d'affecter à l'Ecole Impériale d'application du Génie maritime, l'hôtel occupé par la Caisse des Dépôts et Consignations rue de Lille No. 2, qui doit être évacué par l'Administration de cette Caisse, dans le courant de la présente année ;

Considérant que notre Ministre des Finances consulté, a déclaré n'avoir aucune objection à faire contre cette disposition

Décrète :

Article 1.

L'hôtel domanial sis rue de Lille N° 2 à Paris (Seine) est affecté au Département de la Marine.

Article 2

Nos Ministres Secrétaires d'Etat aux Départemens de la Marine, d'Etat et notre Ministre Secrétaire d'Etat au Département des Finances sont chargés, chacun en ce qui les concerne, de l'exécution du présent décret qui sera inséré au Bulletin des Lois.

Fait au Palais des Tuileries le 6 février 1858.

Signé : NAPOLÉON.

Par l'Empereur
L'Amiral Ministre Secrétaire d'Etat
au Département de la Marine et des Colonies
Signé : HAMELIN

Pour ampliation.
Le directeur du Matériel
Signé : Dupuy de Lôme.

Pour copie conforme et par autorisation
Le Chef du Service central des Archives, du Matériel
et du Contre-seing
Signé : Leclercq

Pour copie conforme
L'Administrateur de l'Enregistrement et des Domaines
de Chavanes[1]

Le Chef de 1ère Classe
Sig. illisible

Le 29 juin 1858, le Directeur général de la Caisse des Dépôts et Consignations annonçait que les divers services de son administration étaient installés dans l'hôtel de Belle-Isle[2], construit par Bruant fils rue de Bourbon (56 rue de Lille) occupé après le Maréchal par les Praslin, le comte Demidoff, la comtesse d'Harville, le sénateur général d'Harville, M. de Lépine ; brûlé sous la Commune, il a été reconstruit.

Le 1er juillet 1858, Le Brun de Clovière, Chef du Bureau du Personnel, du Secrétariat et des Archives de la Caisse des Dépôts et Consignations autorisé par le Directeur général, et Pasquier, vérificateur des Domaines, Agent délégué pour en accepter la remise au nom de l'Administration des Domaines, faisaient remise de l'hôtel rue de Lille n° 2 à M. Reech, Directeur des Constructions navales et de l'École du génie maritime autorisé par le Ministre de la Marine.

Quatorze ans plus tard, par un décret du 15 février 1872, l'Ecole du Génie maritime était transférée à Cherbourg; l'hôtel de la rue de Lille

---

1. Archives des Domaines.
2. L'Hotel de Belle-Isle fut construit en 1721 sur les dessins de Bruant, architecte du Roi, fils de Libéral Bruant, pour le Comte de Belle-Isle, petit-fils de Fouquet. Cf. Blondel, *Architecture françoise*, I, 1752, p. 286.

devait être évacué par le Génie maritime le 16 octobre 1872 ; le 26 octobre remise fut faite de l'immeuble aux Domaines.

Une note sur une des pièces des archives du Domaine porte : « L'École d'application du Génie maritime est transférée à Cherbourg. L'immeuble pourra donc être aliéné, 23 mars 72. »

Du 20 février au 1er mars 1873, le rez-de-chaussée de l'hôtel fut occupé par les dessinateurs des Ponts et Chaussées chargés d'exécuter des dessins pour l'exposition de Vienne.

Des demandes de location de l'hôtel sont adressées à l'Administration ; LALANDE, Directeur depuis 1860 du Grand Hôtel des Ambassadeurs, 26 rue de Lille, écrit le 14 février sur papier libre et le 11 mars 1873 sur papier timbré pour demander à louer l'immeuble ; on lui répond le 21 mars que celui-ci n'est pas à louer ; même réponse est faite le 9 mai à ROYER, 13 rue de Lille, qui avait adressé une demande semblable le 1er mai.

On ne se faisait guère d'illusion sur la valeur de l'immeuble dont on préparait la vente des matériaux et le lotissement des terrains en trois lots représentant environ 420 000 francs.

N° 469   Paris, le 22 Juin 1872

Monsieur le Directeur

C'est avec beaucoup de difficultés qu'en 1852, on a pu faire servir les bâtiments de l'Hôtel Domanial rue de Lille N° 2, à l'installation provisoire de la Caisse des Dépôts et Consignations, attendu que ces bâtiments sont fort anciens et complètement ruinés par suite des changements successifs qui ont dû y être faits.

Il n'est pas douteux que pour sauvegarder les intérêts du Trésor dans la vente de cet immeuble, les dispositions à prendre sont : la vente des matériaux comme constructions, d'une valeur d'environ 20,000 francs, et la vente des terrains en trois lots représentant environ 420.000 fr.

J'ai figuré le lotissement sur le rez-de-chaussée des plans ci-joints

Veuillez, etc.

Monsieur le Directeur des Domaines à Paris [1]

1. Archives des Domaines.

Entre temps, des influences puissantes avaient agi près des ministres pour affecter à l'École des Langues orientales, alors sans abri, les bâtiments délabrés de la rue de Lille. Le Directeur général de l'Enregistrement demande au Directeur des Domaines de lui adresser un rapport :

DIRECTION GÉNÉRALE
DE L'ENREGISTREMENT, DES DOMAINES ET DU TIMBRE

Paris, le 19 Juin 1872.

On communique à M. le Directeur des Domaines, à Paris, avec une pièce à l'appui, une dépêche adressée au Ministre des Finances par son Collègue des Travaux Publics qui propose d'affecter au Service de l'Ecole des langues orientales vivantes l'hôtel domanial, rue de Lille, N° 2, aux lieu et place de l'Ecole du Génie maritime, qui doit évacuer cet immeuble au mois d'Octobre prochain.

On le prie de fournir le plus promptement possible, avec ses observations et son avis, les renseignements sur l'objet de cette dépêche, qu'il voudra bien renvoyer, avec la pièce qui l'accompagne.

Le Directeur général
Pour le Directeur général et par délégation
L'Administrateur
Signature

Note en marge
N° 91
Communiqué à Monsieur Liégeard, Inspecteur, pour procéder à l'instruction de l'affaire.

Paris, le 20 juin 1872
Le Directeur des Domaines
Signature[1]

Le rapport est favorable :

---

1. Archives des Domaines.

N° 469
4° D.   1ᵉʳ B.
Projet d'affectation
de l'Immeuble Domanial
rue de Lille, 2
à l'Ecole des Langues
Orientales vivantes

Paris, le 20 Août 1872

Monsieur le Directeur Général,

Vous m'avez fait l'honneur de me communiquer, avec un projet de décret portant affectation à l'Ecole des langues orientales vivantes, de l'Immeuble domanial situé rue de Lille N° 2, une Dépêche du 13 juin dernier par laquelle M. le Ministre des Travaux publics demande à M. le Ministre des Finances son avis sur ce projet d'affectation, en faisant observer que l'Ecole des Langues Orientales vivantes ne peut pas être maintenue plus longtemps dans le local qui lui a été prêté au Collège de France, et que M. le Ministre de l'Instruction Publique désire que cette Ecole soit placée dans un autre édifice de l'Etat.

Il existe à Paris trois centres pour l'étude des langues Orientales :

1° Au Collège de France, Mʳˢ Renan, Defrémery, Jules Mohl, Pavet de Courteille et Stanislas Julien expliquent l'hébreu, l'arabe, le persan, le turc, le Chinois et le tartare mandchou, mais leurs cours supposent la connaissance de ces langues comme ceux du même collège faits par Mʳˢ Rossignol, Havet, Boissier, etc. supposent la connaissance du grec et du latin. Ce sont des cours de hautes études.

2° Une Ecole, dite des Jeunes de Langues est établie, au Lycée Descartes (Louis le Grand); elle a pour directeur Mʳ Lapierre, les cours durent 3 années et servent de préparation à l'étude de quelques-unes des langues Orientales vivantes; en ce moment, M. Pavet de Courteille y enseigne les éléments de l'arabe à deux élèves internes. Cette école est une annexe du Lycée.

3° Les Langues Orientales vivantes ne s'enseigneront complètement et dans un but pratique que dans l'Ecole spéciale que M. le Ministre des Travaux publics propose de transférer dans l'immeuble domanial situé rue de Lille N° 2.

Cette Ecole spéciale, fondée par Décret du 10 germinal An 3, a été réorganisée par Ordonnance Royale du 22 Mai 1838 et par Décrets des 8 novembre 1869 et 8 Juin 1870. On y enseigne l'Arabe vulgaire, le Persan, le Turc, le Malais et le Javanais, l'Arménien, le Grec moderne, l'Hindoustani, le Chinois vulgaire, le Japonais et l'Annamite. On y compte 9 professeurs, un chargé de cours et quatre répétiteurs, faisant par semaine 38 leçons à 63 élèves assujettis à des inscriptions et à des examens à la suite desquels se confèrent des diplômes. L'Ecole a un Conseil de perfectionnement, un administrateur et un Secrétaire.

Cet établissement public, dépendant autrefois du ministère de l'Intérieur, puis du Ministère du Commerce, et actuellement du Ministère de l'Instruction publique, a toujours eu une grande importance au point de vue politique et commercial, mais il a besoin de s'accroître pour être en rapport avec l'étendue de nos relations actuelles dans l'Orient.

Il faudrait, pour donner une nouvelle impulsion à l'étude des Langues Orientales vivantes, trouver un local où l'on puisse faire à la fois un plus grand nombre de cours, établir des salles d'études, disposer les livres, cartes, etc., à la portée des professeurs et des élèves, enfin, classer les collections ethnographiques qui sont indispensables pour l'enseignement des langues et des usages de l'Orient si différents des nôtres.

Ces besoins sont exposés dans un rapport en copie et dans une Note où l'Administrateur de l'Ecole indique en outre l'insuffisance absolue du local qui lui a été prêté jusqu'à ce jour et dont il va être incessamment privé.

Ce local ne se compose en effet que de cinq pièces fort petites, mal distribuées et faisant partie de l'appartement de l'Administrateur du Collège de France.

L'immeuble domanial situé rue de Lille N° 2 que M. le Ministre des Travaux publics propose d'affecter à l'Ecole des Langues Orientales vivantes, deviendra vacant au 1er Octobre prochain, par la translation à Cherbourg de l'Ecole du Génie maritime qui y était installée depuis l'année 1858.

Il se compose de quatre bâtiments à deux et trois étages, simples en profondeur, occupant les quatre côtés d'une cour dans laquelle on entre par la rue de Lille. Il est convenablement aménagé et par ses dimensions modestes, il répondrait à tous les besoins de l'Ecole des Langues Orientales vivantes, sans toutefois les dépasser. On y trouverait cinq salles de cours, deux salles d'études, des emplacements pour la bibliothèque et les collections ethnographiques, un logement de concierge et un petit appartement pour le secrétaire de l'Ecole. Les bâtiments sont anciens, il est vrai, mais comme on n'aurait pas à changer l'aménagement intérieur, on n'aurait pas non plus à faire de dépenses d'installation coûteuses. En définitive, on ne ferait que substituer une Ecole à une autre, sans aggravation de charges pour l'Etat.

L'immeuble domanial est d'une superficie de 854 mètres et d'une valeur vénale de 450.000^f, d'après estimation faite par l'Architecte de ma direction.

Je suis donc d'avis qu'il y a lieu de proposer à M. le Ministre des Finances de donner son consentement à l'affectation proposée par M. le Ministre des Travaux publics [1].

9 pièces sont ci-jointes.

Depuis sa création en 1795, l'École des Langues orientales n'avait

[1]. Archives de la Seine.

pas eu de local spécial pour les cours dont l'inauguration avait eu lieu le 4 messidor an IV (22 juin 1796) à la Bibliothèque nationale. Ce grand établissement continua à donner l'hospitalité à l'École des Langues dans des locaux insuffisants. Louis Mathieu LANGLÈS qui fut le premier président de l'École ne cessa de se plaindre jusqu'à sa mort (28 janvier 1824) et de demander le transfert de l'établissement dont il avait la charge dans un bâtiment approprié à ses besoins ; d'un autre côté la Bibliothèque réclamait pour son usage le local qu'elle avait prêté temporairement, ou du moins la restitution des bureaux occupés par le Trésor Royal qui permettrait de loger l'École. La lettre suivante marque l'état des choses à la fin du règne de Louis XVIII :

Direction
des Travaux de Paris

Bibliothèque du Roi

Réunion à cet établissement
des salles basses qui en
dépendent & qui sont occupées
par des Bureaux du Trésor.

Paris, le 1er Septembre 1823

Monseigneur,

La classe des Langues orientales vivantes est placée à la Bibliothèque du Roi, dans un local bas, obscur et du plus misérable aspect. M. LANGLÈS qui m'a fait des représentations à cet égard, lors de la dernière visite que j'ai faite à cet établissement, me rappelle aujourd'hui combien il est urgent de prendre des mesures pour que la classe des Langues orientales soit transférée avant l'hiver dans un local plus décent et plus sain.

Depuis longtemps, Monseigneur, l'Administration de la Bibliothèque réclame la restitution des pièces de rez de chaussée d'un de ses bâtiments qui sont occupées par des bureaux du Trésor Royal, ce qui a le double inconvénient de priver la Bibliothèque de locaux dont elle a le plus grand besoin et d'exposer beaucoup les dépôts précieux qui existent au-dessus de ces pièces, notamment celui des manuscrits grecs.

Lors même qu'il y aurait quelques difficultés à transférer ailleurs les bureaux du Trésor, M. le Comte de Villèle verrait sans doute dans les besoins et la situation critique de la Bibliothèque des motifs suffisants de ne pas se laisser arrêter par les obstacles ; mais d'après les renseignements qui m'ont été donnés, rien ne semble devoir s'opposer à la restitution des localités dont il s'agit qu'on m'assure n'être plus occupés par des bureaux.

— 67 —

J'ai cru d'après cela, Monseigneur, devoir exposer à S. Ex. le Ministre des Finances la demande de MM. les Administrateurs de la Bibliothèque du Roi, et le prier d'ordonner la remise immédiate de la salle à rez de chaussée qui correspond au dépôt des manuscrits grecs, ainsi que les dispositions à prendre pour que les autres pièces soient rendues le plus tôt possible à cet établissement.

Je regarderai le succès de cette demande comme assurée si Votre Excellence veut bien écrire de son côté à M. le Cte. de Villèle et appeler son attention particulière sur cette affaire en elle-même peu importante, mais d'un grand intérêt par les avantages qui résulteront pour la Bibliothèque et pour la classe des langues orientales de l'évacuation des pièces affectées au service des Bureaux.

J'ajouterai, Monseigneur, que l'honneur de l'Administration y est intéressé, car les cours des langues orientales attirent un grand nombre d'étrangers qui en voyant l'état misérable du local affecté à ces cours doivent se faire une très fausse idée de l'état de l'Instruction Publique en France.

Je suis avec respect, Monseigneur, de Votre Excellence, le très humble et très obéissant serviteur.

Le Maître des Requêtes
Directeur des Travaux de Paris
Signé : Illisible.

Son Excellence le Ministre de l'Intérieur[1].

Ce ne fut toutefois qu'en 1833 qu'eut lieu le transfert de l'École dans le nouveau local bientôt insuffisant. « Le 7 avril 1868, l'assemblée des professeurs, considérant l'exiguïté du local occupé par l'École dans les bâtiments de la Bibliothèque impériale et sa complète insuffisance pour les besoins actuels, décide qu'il y a lieu d'insister auprès de M. le ministre de l'Instruction publique pour obtenir un local plus vaste, où les collections reçues depuis quelque temps puissent trouver place. Les leçons ne se faisaient plus dans la salle où l'École avait remplacé en 1833 les bureaux de l'indemnité de Saint-Domingue, mais dans un auditoire plus convenable construit en 1858-1859 pour les cours d'archéologie établi près la Bibliothèque impériale ; pendant l'édification de cette salle, les cours de langues orientales avaient dû

---

1. Ministère de l'Instruction Publique. — Direction de l'Enseignement Supérieur, 4º Bureau.

être suspendus toute une année. Le nouveau local ne correspondait pas cependant au développement que prenait peu à peu l'École, et de plus, quelques difficultés soulevées par l'administrateur de la Bibliothèque rendaient désirable la séparation des deux établissements[1]. »

M. Charles Schefer, professeur de persan depuis le 23 novembre 1857, à la place d'Étienne Quatremère, avait été nommé Président de l'École, par décret du 16 octobre 1867, en remplacement de Reinaud, mort le 14 mai 1867. Le nouveau Président s'employa avec ardeur à obtenir un nouveau local. Une circonstance lui vint en aide. Le célèbre sinologue, Stanislas Julien, professeur au collège de France depuis 1832, avait été nommé en 1852, Administrateur de cet établissement ; d'autre part, à la mort de Bazin, professeur de chinois moderne à l'École, le 30 décembre 1862, Julien fut « d'abord autorisé à faire gratuitement à l'École le cours de chinois vulgaire (23 mars 1863), puis chargé du cours avec une indemnité égale au traitement des autres professeurs (6 novembre 1863). Il ne devint jamais titulaire[2]. »

Julien n'avait jamais occupé l'appartement destiné à l'Administrateur du Collège de France ; il avait préféré de continuer à demeurer dans son logement de la rue des Fossés-Saint-Jacques.

« Cédant enfin aux vœux réitérés de l'assemblée des professeurs relativement au local, M. le ministre de l'Instruction publique met à la disposition de l'École, qui en prend possession dans les derniers jours de l'année 1868, l'appartement alors inoccupé de l'Administrateur du Collège de France. Quelques travaux d'appropriation suffirent pour pratiquer dans cet appartement deux salles de cours et un bureau pour le secrétariat, ainsi que pour loger les livres et autres objets de collection que possédait déjà l'Ecole. L'éloignement de la Bibliothèque nationale faisait une obligation rigoureuse de constituer rapidement une bibliothèque orientale : en peu de mois, beaucoup d'ouvrages furent achetés, d'autres reçus en don de France et de l'étranger, et la

---

1. [A. Carrière], *Notice historique sur l'École des Langues Orientales*. Paris, 1883, gr. in-8, pp. 44-45.
2. Carrière, *l. c.*, p. 43.

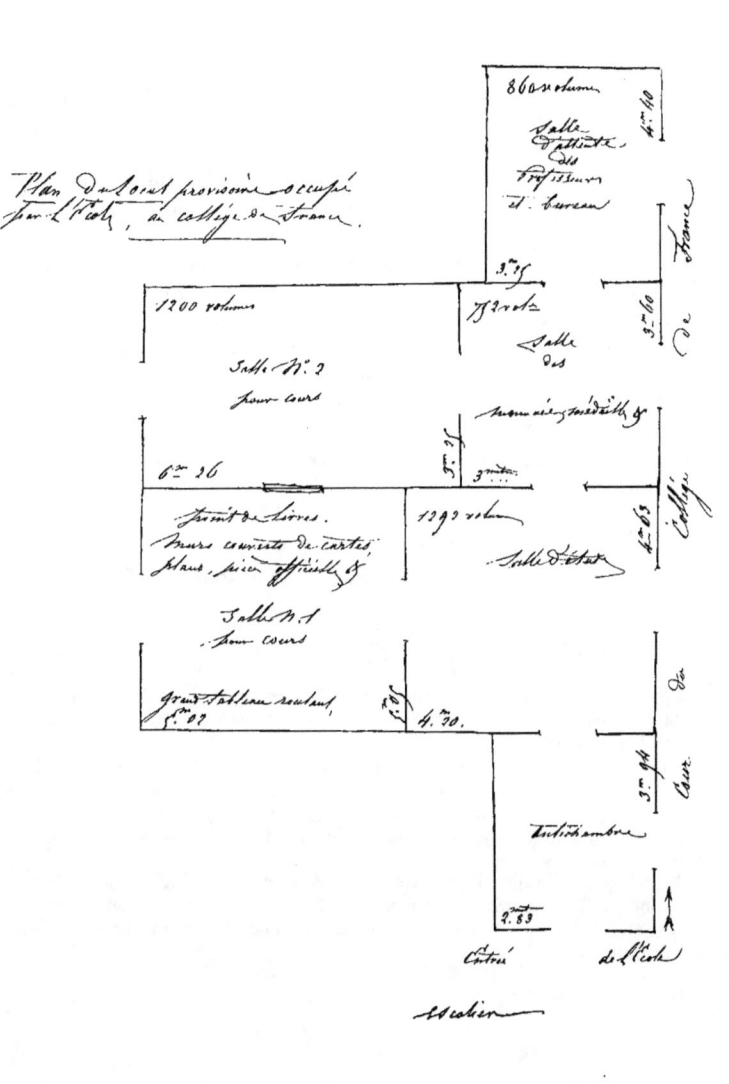

place ne tarda pas à faire défaut dans un appartement relativement petit, qui du reste n'avait été accordé qu'à titre transitoire et pouvait être redemandé d'un jour à l'autre[1]. »

C'est ce qui ne manqua pas d'arriver : Stanislas Julien mourut le 14 février 1873 ; on ne pouvait espérer que son successeur comme Administrateur du Collège de France laisserait libre l'appartement qui lui revenait de droit ; il fallait donc déménager. M. Schefer écrivait du Caire, le 3 mars 1873, au Ministre, pour lui signaler la situation nouvelle de l'École causée par la mort de l'Administrateur du Collège de France et la nécessité de trouver un nouveau local pour l'établissement dont il avait l'administration.

La note suivante marque bien la situation de l'École à cette époque ; il y avait alors (1873) douze professeurs et six répétiteurs indigènes ; on juge donc du développement qu'avait pris l'œuvre de la Convention.

École spéciale
des
Langues orientales vivantes

NOTE POUR MONSIEUR LE MINISTRE
au sujet de l'insuffisance du Local occupé par l'École.

L'École spéciale des Langues orientales vivantes occupe temporairement l'appartement de M. l'Administrateur du Collège de France. Cet appartement se compose de 5 petites pièces séparées par de minces cloisons. Deux chambres ont été converties en salles de cours : huit heures de leçons y sont données chaque jour et la voix des professeurs et des élèves entendue d'une pièce dans l'autre trouble les auditeurs et gêne les professeurs.

La salle à manger convertie en salle d'étude où l'on met les livres usuels à la disposition des élèves ne peut contenir autour d'une petite table que cinq personnes. Souvent les élèves sont obligés de se retirer faute de place. De plus cette pièce est un lieu de passage et le bruit qui s'y fait constamment distrait les élèves de leurs études.

L'École possède aujourd'hui par suite de dons et d'acquisitions 4 062 volumes imprimés, 224 manuscrits. Les armoires, le long des murs, ne peuvent les contenir, et on a été obligé d'en mettre une partie en dépôt chez un libraire, 47 rue des Augustins.

1. Carrière, l. c., p. 45.

L'Administrateur doit laisser à la douane une caisse de 300 volumes expédiés de Yedo par le Gouvernement japonais et M⁰ Dubousquet, correspondant de l'École.

Des envois considérables sont annoncés de Bangkok, de Pékin, de Constantinople et du Caire. La place fait absolument défaut pour disposer ces ouvrages convenablement.

L'École possède 1 062 pièces diplomatiques, lettres missives, &c. Ces pièces ont été classées dans des caisses que l'on a dû placer sur des armoires où elles sont hors de la portée des élèves et des professeurs.

Monsieur le Comte de Rémusat ayant par une circulaire invité les agents de son Département à envoyer à l'Ecole tous les documents dont ils pourraient disposer, cette collection doit s'accroître d'une façon très-importante. Sur le vœu du Conseil de perfectionnement, des collections ethnographiques ont été commencées. Les correspondants de l'École ont déjà fait de nombreux envois, d'autres sont annoncés.

L'administrateur a en dépôt chez lui des collections de poteries, faïences, verreries orientales ainsi que des objets usuels qu'il ne pourra bientôt plus garder. M. Devéria à Pékin, M. Dubousquet à Yedo, M⁰ Garnier à Bangkok, M. Tissot à Tanger, ont annoncé encore l'envoi prochain de caisses d'objets orientaux.

L'Administrateur ne saurait assumer plus longtemps la responsabilité de la conservation de ces diverses collections appartenant à l'État et qu'il est obligé de disséminer et de confier à des personnes étrangères à l'École.

Cette situation exige impérieusement un prompt remède[1].

Heureusement pour l'École, que par le décret du 15 février 1872, l'École du Génie militaire était transférée à Cherbourg, laissant libre l'hôtel de la rue de Lille, n° 2, dans lequel elle était établie depuis 1858. L'hôtel fut remis par le Service de la Marine au Service des Domaines le 26 octobre 1872, ainsi qu'en fait foi le procès-verbal suivant :

Procès-verbal de la remise faite par le Service de la Marine au Service des Domaines, de l'immeuble situé, rue de Lille n° 2.

L'an mil huit cent soixante-douze, le vingt-six du mois d'Octobre,
Nous soussignés,
Bernard Anne Élie Morlière, ingénieur des Ponts et Chaussées, chargé du bureau des Travaux hydrauliques au Ministère de la Marine,
Délégué à l'effet des présentes par M. le Ministre de la Marine,

1. Archives de l'E. L. O. V.

et *Georges Armand* Liégeard, Inspecteur des Domaines, délégué de M. le Directeur des Domaines au département de la Seine, par lettre du 24 septembre dernier.

Vu le décret du 15 février 1872 qui ordonne le transfert à Cherbourg de l'École du Génie maritime établie à Paris dans l'hôtel rue de Lille n° 2, par décret du 6 février 1858.

Nous sommes transportés au dit hôtel rue de Lille n° 2 que nous avons visité et décrit de la manière suivante :

Cet hôtel est situé à l'intersection de la rue de Lille et de celle des Sts Pères ; il occupe un terrain de forme rectangulaire, d'une superficie de 854^{mq}, tenant au Midi à la rue de Lille, au Nord à l'hôtel ayant son entrée quai Malaquais n° 1, à l'Est à la rue des Sts Pères, et à l'Ouest à deux immeubles l'un rue de Lille n° 4 & l'autre quai Malaquais n° 3 ; il se compose de quatre corps de bâtiments, savoir :

Un premier bâtiment en façade sur la rue de Lille, élevé sur terre-plein d'un rez de chaussée et d'un premier étage sous comble à deux égouts, couvert en ardoises,

Un second bâtiment en aile à droite sur la rue des Saints Pères, élevé sur terre-plein d'un rez de chaussée, d'un entre-sol, d'un premier étage et d'un second étage pratiqué dans le comble à deux égouts formant brisis couvert en ardoises,

Un troisième bâtiment en aile à gauche, élevé sur terre-plein d'un rez de chaussée et d'un premier étage sous comble en appentis, couvert en ardoises,

Un quatrième bâtiment au fond de la cour et formant pignon sur la rue des Sts Pères, élevé sur double berceau de cave, d'un rez de chaussée et de trois étages carrés dont le dernier est sous le comble formant brisis et couvert en ardoises.

Nous avons constaté, en outre, qu'il existe, dans cet hôtel vingt glaces lesquelles sont décrites dans un état annexé au présent procès-verbal.

Ces constatations terminées, M. Morlière, agissant au nom de M. le Ministre de la Marine, a déclaré faire remise dudit hôtel à l'administration des Domaines, et M. Liégeard, agissant au nom de la dite administration, a déclaré, prendre possession dudit immeuble pour être régi et administré comme bien de l'État, non affecté à un service public.

Fait double à Paris, les jours, mois et an susdits.

   E. Morlière   Liégeard

Établi pour surveillance provisoire, sans salaire, M. Thibaudier, concierge pour le Min. de la Marine.

Avec son activité coutumière, M. Schefer faisait les démarches nécessaires pour obtenir que l'hôtel de la rue de Lille fût affecté à l'École des Langues orientales et à la fin de juillet 1873, il avait la joie de recevoir de M. BATBIE, Ministre de l'Instruction publique, une lettre lui annonçant qu'elles avaient été couronnées de succès :

République Française

Paris, le 30 juillet 1873

Cabinet
du Ministre
Instruction Publique
et des Cultes

Monsieur l'Administrateur

Le Conseil des Ministres a bien voulu, sur ma proposition, affecter à la tenue des cours de l'*Ecole spéciale des Langues orientales vivantes* l'immeuble de la rue de Lille.

Je m'empresse de vous informer de cette décision.

Vous pouvez, dès maintenant, vous adresser à Monsieur le Ministre des Travaux Publics et à Monsieur le Ministre des Finances, afin d'être mis en possession des locaux qui vous sont concédés.

Recevez, Monsieur l'Administrateur, l'assurance de ma considération très distinguée

Le Ministre de l'Instruction Publique,
des Cultes et des Beaux-Arts
A. BATBIE

M. Schefer Administrateur de l'Ecole des Langues orientales [1].

Le décret du 6 septembre 1873 confirmait officiellement la lettre du Ministre :

Ministère
des Finances

RÉPUBLIQUE FRANÇAISE.

Secrétariat général

Sous-Direction
l'Inspection générale
du Contrôle
ministrations financières,
des Dépêches
et du Contre-seing

Le PRÉSIDENT de la RÉPUBLIQUE,

Sur le Rapport du Ministre de l'Instruction publique, des Cultes et des Beaux-Arts,

Vu le décret du 6 Février 1858 qui affecte au service de l'Ecole du Génie maritime l'immeuble domanial situé à Paris, rue de Lille, N° 2 ;

---

1. Archives de l'E. L. O. V.

Vu le décret du 15 Février 1872 qui transporte la dite école au port de Cherbourg ;

Considérant qu'il importe d'affecter à l'Ecole spéciale des Langues orientales vivantes, provisoirement installée dans les bâtiments du Collège de France, les espaces nécessaires au développement de ses collections et de ses études ;

Vu l'ordonnance du 14 Juin 1833 qui règle le mode à suivre pour l'affectation d'un immeuble de l'Etat à un service public ;

Sur la proposition du Ministre de l'Instruction publique, des Cultes et des Beaux-Arts.

Vu l'avis conforme du Ministre des Finances en date du 16 Août 1873

Décrète

Article 1er

L'immeuble domanial situé à Paris rue de Lille, N° 2 est affecté au Ministère de l'Instruction publique, des Cultes et des Beaux-Arts pour le service de l'Ecole spéciale des Langues Orientales vivantes.

Article 2.

L'entretien et la conservation dudit immeuble continueront d'être confiés aux soins du Ministre des Travaux Publics.

Art. 3

Les Ministres des Finances, des Travaux Publics, de l'Instruction Publique, des Cultes et des Beaux-Arts sont chargés, chacun en ce qui le concerne, de l'exécution du présent décret.

Fait à Versailles, le 6 7bre 1873

Signé : M^{al} de Mac-Mahon

Par le Président de la République
Le Ministre des Travaux Publics

Signé : A. Deseilligny

Le Ministre des Travaux publics, chargé
par intérim du Dép^{t} des Finances

Signé : A. Deseilligny.

Le Ministre de l'Instruction Publique, des Cultes et des Beaux-Arts.

Signé : A. Batbie

Pour ampliation :
Le Directeur de l'Enseignement Supérieur
Pour le Directeur le Chef du 3ᵉ Bureau
Signé : SANDRAS

Pour copie conforme
Pour le Secrétaire Général
P. AUDIBERT [1]

Un décret du 22 novembre de la même année accordait un logement à l'Administrateur dans l'hôtel de la rue de Lille.

Ministère
struction publique
des Cultes
des Beaux-Arts

Cabinet

DÉCRET

Le PRÉSIDENT de la RÉPUBLIQUE FRANÇAISE.

Sur le Rapport du Ministre de l'Instruction Publique, des Cultes et des Beaux-Arts

Vu le décret du 6 septembre 1873 portant affectation au Ministère de l'Instruction Publique, des Cultes et des Beaux-Arts, pour le Service de l'École des Langues Orientales vivantes de l'immeuble domanial qu'occupait à Paris, Rue de Lille n° 2, l'École d'application du Génie maritime.

Décrète

Art. 1ᵉʳ

L'Administrateur de l'École des Langues Orientales vivantes est logé dans les bâtiments affectés au Service de l'Établissement.

Article 2.

L'Appartement précédemment occupé par le Directeur de l'École d'application du Génie maritime est mis à la disposition de l'Administrateur de l'École des Langues Orientales vivantes.

[1]. Archives des Domaines et Archives de l'École des L. O. V.

Article 3.

Le Ministre de l'Instruction publique, des Cultes et des Beaux-Arts est chargé de l'exécution du présent décret.

Fait à Versailles le 22 Novembre 1873
Signé : M^{al} de Mac-Mahon

Par le Président de la République
Le Ministre de l'Instruction publique, des Cultes
et des Beaux-Arts
Signé : A. BATBIE

Pour ampliation
Le Directeur de l'Enseignement Supérieur
DU MESNIL [1]

Ministère
de l'Instruction publique
des Cultes
et des Beaux-Arts
—
Direction
de
l'Enseignement sup^r
—
5e Bureau

Le Ministre de l'Instruction publique, des Cultes et des Beaux-Arts.

Vu le décret en date du 22 Novembre courant portant concession à M. l'Administrateur de l'École des Langues Orientales vivantes d'un appartement de l'immeuble affecté au Service de ladite École.

Arrête :

L'appartement mis à la disposition de l'Administrateur de l'École des Langues Orientales vivantes comprend, suivant le plan çi annexé :

1° Au 2e étage : antichambre, cuisine, salle à manger, salon, 2 chambres à coucher et cabinet

2° Au 3e étage : 2 chambres et 1 cabinet.

Paris, le 25 Novembre 1873.
Signé : A. BATBIE
Le Directeur de l'Enseignement Sup^r
DU MESNIL [2]

---

1. Archives École L. O. V.
2. Archives École L. O. V.

Le procès-verbal de prise de possession de l'immeuble par le Ministère de l'Instruction publique est daté du 30 septembre 1873 :

L'An Mil huit cent soixante treize, le trente du mois de septembre

Nous soussignés,

Georges-Armand LIÉGEARD Inspecteur des Domaines; délégué de M^r le Directeur des Domaines du département de la Seine

Et *Charles Henri Auguste* SCHEFER, délégué de M^r Le Ministre de l'Instruction publique,

Vu le décret du six Septembre courant portant que l'immeuble domanial situé à Paris, rue de Lille, n° 2, est affecté au Ministère de l'Instruction publique, des Cultes et des Beaux-Arts, pour le service de l'Ecole spéciale des Langues Orientales vivantes,

Nous sommes transportés au dit Hôtel Domanial, rue de Lille, n° 2 que nous avons visité et décrit de la manière suivante :

Cet Hôtel est situé à l'intersection de la rue de Lille et de celle des saints Pères ; il occupe un terrain de forme rectangulaire d'une superficie de Huit cent cinquante quatre Mètres carrés, tenant, au Midi, à la rue de Lille; au Nord, à l'Hôtel ayant son entrée quai Malaquais n° 1 ; à l'Est, à la rue des Saints-Pères ; et à l'Ouest, à Deux immeubles, l'un rue de Lille, n° 4 et l'autre quai Malaquais n° 3 ; il se compose de quatre corps de bâtiments[1], savoir :

Un premier batiment en façade sur la rue de Lille, élevé sur terre plein d'un rez de chaussée et d'un premier étage sous comble à deux egouts, couvert en ardoises ;

Un second batiment en aile droite sur la rue des Saints-Pères, élevé sur terre plein d'un rez de chaussée, d'un Entresol, d'un Premier Etage, et d'un second étage pratiqué dans le comble à deux egouts formant brisis, couvert en ardoises.

Un troisième batiment en aile gauche, élevé sur terre plein d'un rez de chaussée et d'un premier étage sous comble en appentis, couvert en ardoises.

Un quatrième batiment au fond de la cour et formant pignon sur rue des Saints Pères, élevé sur double berceau de cave, d'un Rez de Chaussée et de trois Etages carrés dont le dernier est sous le comble formant brisis et couvert en ardoises.

Nous avons constaté, en outre, qu'il existe dans cet Hôtel vingt glaces lesquelles sont décrites dans un Etat annexé au Procès Verbal.

Ces constatations terminées, Mr Liégard a déclaré faire remise du dit Hôtel au Ministère de l'Instruction publique, des Cultes et des Beaux-Arts, et M. Schefer

---

1. Le propriétaire du No. 4 de la rue de Lille était alors (1872) M. HUSSON, 23 rue de Lille ; celui du Quai Voltaire, No. 3, était M. DALLEMAGNE, rue Neuve des Mathurins, 84.

agissant au nom dudit Département ministeriel a déclaré en prendre possession pour l'affectation mentionnée au décret du six septembre courant

Fait double à Paris, les jour, mois et an susdits

Liégeard   Ch. Schefer[1]

[Ce Procès-verbal est accompagné d'un État des Glaces existant dans les appartements de l'hôtel domanial, sis à Paris, rue de Lille, n° 2.]

Dès le mois d'août 1873, avant même la signature du décret affectant à l'École des Langues orientales l'hôtel de la rue de Lille, M. de Godebœuf, architecte des bâtiments civils, y mettait les ouvriers pour préparer la nouvelle installation.

Il faut bien dire que l'immeuble n'était rien moins qu'en bon état. En 1875, le Président de la Société Asiatique avait témoigné le désir de tenir les séances de la Société et de transporter sa bibliothèque dans les bâtiments de l'École. M. E. de Cardaillac, Directeur des Bâtiments civils, écrivait[2] à l'Administrateur qui lui avait demandé son avis sur l'état de solidité de la partie des bâtiments de l'École, située à l'angle de la rue de Lille et de la rue des Saints-Pères et sur la possibilité d'y installer le service de la Société Asiatique :

« Lorsque l'École a été installée dans les localités qu'elle occupe, je ne vous ai pas caché les craintes que m'inspirait le bâtiment dont vous me parlez et je vous ai prié de ne faire aucune installation pouvant charger les murs et les planchers.

« Depuis cette époque, la situation est loin de s'être améliorée, et nous pouvons d'un instant à l'autre être forcés à une reconstruction. J'ai du reste, consulté de nouveau l'architecte de l'École et je vous communique sa réponse.

« Il est donc impossible de permettre les dépôts de la Société Asiatique.

« J'ajouterai que cette Société ne pourrait, à aucun titre, occuper un bâtiment de l'État affecté à un service public. »

Voici ce qu'écrivait l'architecte, M. de Godebœuf :

« Les bâtiments de l'École des Langues Orientales, sur plusieurs points, ne pré-

---

1. Archives des Domaines.
2. Lettre de Paris, 6 avril 1875. — Archives de l'École des L. O. V.

sentent pas le caractère d'une grande solidité et il me paraît absolument impossible d'occuper, comme on en a exprimé le désir, la partie de ces bâtiments située à l'angle de la rue des Saints Pères et de la rue de Lille. Les murs de face ne pourraient supporter, sans danger, des aménagements quelque minces qu'ils fussent, soit qu'il s'agisse de bibliothèque, soit qu'il soit question d'autre mobilier fixe. Dans cette situation, j'ai l'honneur de vous proposer que la demande présentée par Mr le Président de la Société asiatique ne soit pas accueillie[1]. »

Derechef le mauvais état des bâtiments était signalé en 1879 par le nouvel architecte de l'École, M. Faure-Dujarric, qui présentait des projets de reconstruction. Qui ne se souvient de la façade lépreuse sur la rue des Saints-Pères et de ce mur faisant ventre qui menaçait d'éclater sur les passants? C'est cette même année 1879, que le Ministre de l'Instruction publique faisait don à l'École de la statue de Sylvestre de Sacy, par Louis Rochet qui orne aujourd'hui la cour. Louis Rochet, artiste de grand talent, auteur des deux statues équestres de « Guillaume le Conquérant », à Falaise, et de « Charlemagne », à Paris, avait professé la langue mandchoue et publié un *Manuel de Langue chinoise*.

Enfin la reconstruction de l'École fut décidée, et le 27 juin 1885, le Ministre écrivait :

« La loi du 20 juin 1885 comprend les crédits nécessaires pour cette reconstruction et sur ces crédits une somme de 500.000 francs est demandée sur l'exercice de 1886 pour pouvoir commencer les travaux à partir du 1er janvier prochain[2]. »

Les travaux commencèrent en mai 1886. La reconstruction de l'École comportait deux opérations distinctes :
1° La réfection des bâtiments sur les rues de Lille et des Saints-Pères ;
2° Construction du bâtiment principal avec entrées sur la rue de

---

1. Lettre au Ministre des Travaux Publics, Paris, 3 avril 1875. — Archives de l'École des L. O. V.
2. Archives de l'École.

Rennes prolongée, restauration du bâtiment situé au fond de la cour, etc., etc.[1].

La première partie était livrée en septembre 1887. Sur le reliquat des crédits, le 17 avril 1889, le Ministre de l'Instruction publique invitait l'architecte Faure-Dujarric à entreprendre les opérations suivantes :

1° Achèvement du pavillon situé sur la rue des Saints-Pères ;

2° Reconstruction du mur mitoyen entre l'École et la maison de la rue des Saints-Pères ;

3° Restauration de la partie de l'ancien bâtiment qui doit être conservée dans les plans définitifs.

La construction de la galerie sur cour est ajournée[2].

La façade du bâtiment du fond de la cour qui remontait à l'époque du Marquis de Bacqueville a servi de modèle à la façade intérieure des bâtiments sur la rue des Saints-Pères et la rue de Lille. Ce bâtiment du fond devait être simplement restauré, mais lors des démolitions préliminaires, on constata qu'il n'était possible de conserver que les caves, la façade et les murs de refend ; les planchers étaient à un tel point pourris que celui du salon du Directeur s'écroula au cours des travaux. Le mur mitoyen séparant l'hôtel de la rue de Lille de l'Hôtel de Tessé appartenant au Comte Vigier fut réparé. Seule de l'ancien Hôtel reste aujourd'hui l'aile contiguë au 4, rue de Lille, renfermant la bibliothèque. Elle devait être démolie et remplacée par un bâtiment formant la façade de l'École sur la place qui devait être formée par la réunion de deux voies, l'une venant de Saint-Thomas-d'Aquin, l'autre de la Place Saint-Germain-des-Prés (rue de Rennes prolongée). Ces rues n'ont pas été percées et l'École reste sans façade et sans porte ; la porte provisoire actuelle sur la rue de Lille remplace la porte non moins provisoire qui au début des travaux de reconstruction se trouvait rue des Saints-Pères à côté de la loge du concierge qui occupait la salle des professeurs.

1. Archives des Domaines.
2. Archives de l'École des L. O. V.

Ajoutons quelques mots à cet historique :

L'escalier a été décoré de quatre figures en relief représentant un Indien, un Chinois, un Persan, un Arabe modelées par L.-H. Marqueste, de l'Institut, la première d'après le tableau de Félix Régamey conservé au Musée Guimet. Par arrêté du 24 mars 1904, M. Édouard Fournier fut chargé par le Ministère de l'Instruction publique et des Beaux-Arts d'exécuter la décoration picturale du panneau faisant face aux croisées du grand salon de la Direction. Quelques bustes (Reinaud, Brunet de Presle, etc.) existaient avant la reconstruction. On a depuis ajouté ceux du Comte Kleczkowski, professeur de chinois, par Pézieux (1896), d'une ressemblance parfaite, de Charles Schefer, professeur de persan et Administrateur de l'École, par Beguine, d'Émile Legrand, professeur de grec, par Bebin, d'Auguste Carrière, professeur d'arménien et ancien secrétaire de l'École par Ternois ; ces trois derniers bustes mis en mai 1909 à la disposition de l'École au dépôt des marbres, 182, rue de l'Université, n'offrent aucune ressemblance avec leurs modèles ; celui de M. Legrand en particulier est de pure fantaisie. Le buste de Kazimirski-Biberstein, interprète du Gouvernement, a été donné en 1902 à l'École par la gouvernante de ce regretté savant par l'intermédiaire de M. le Duc de Bassano. Enfin, disons que par arrêté du 23 février 1904 du Ministre de l'Instruction publique, M. Chaussemiche, Grand Prix de Rome, a été nommé architecte de l'École des Langues orientales vivantes en remplacement de M. Faure-Dujarric, décédé.

Il sera sans doute réservé à un de mes collègues plus jeunes d'écrire le dernier chapitre de cette histoire : la construction de la façade ; je souhaite que cela soit le plus tôt possible, car l'aile de la bibliothèque ne saurait durer longtemps encore.

Henri Cordier.

CHARTRES. — IMPRIMERIE DURAND, RUE FULBERT.

www.ingramcontent.com/pod-product-compliance
Lightning Source LLC
LaVergne TN
LVHW050600090426
835512LV00008B/1262